无与伦比、
特立独行的偶像

艾瑞丝·艾普菲尔

1921-08-29 ~ 2024-03-01

"认识并向艾瑞丝学习是一种荣幸。"
——鲁文·阿法纳多 (RUVÉN AFANADOR)

"行业中最年长的时尚引领者之一。"
—— *VOGUE*

"独一无二的时尚偶像。"
—— *HARPER'S BAZAAR*

"高龄时尚界的大佬级榜样人物。"
——《纽约时报》

"一个充满激情与能量又魅力四射的人。"
——汤米·希尔费格 (TOMMY HILFIGER)

With you, our life is
just a sea of bliss,
A treasure!

[美]艾瑞丝·艾普菲尔 著
侯滨 译

做自己的偶像

快乐是
什么颜色?

上海人民美术出版社

← 第一页

我的朋友鲁文·阿法纳多在2021年为我的100岁生日拍摄了这一张照片。那年我办了一个生日聚会,穿的是詹巴迪斯塔·瓦利(Giambattista Valli)的衣服。

↓ 本页

设计滋养了我的灵魂,创意工作给了我生命。我很荣幸地与Ruggable品牌合作设计了地毯,在2022年首次推出产品,并请鲁文拍摄了这组精彩的照片。

目录

∞ 序   9
戴上眼镜

1
一切事物都在相互影响   16
关于创造力

2
我喜欢能带来快乐的颜色   82
关于色彩的力量

3
大胆行事　享受乐趣   130
关于趣味

4
在舒适圈外找到新的天地   184
关于勇气

5

你的人生旅程只有一次，享受它

关于长寿

212

6

世间的美多种多样

关于欣赏

244

7

快乐是什么颜色的？

我有一些想法……

266

索引　　278

图片来源　　282

序

戴上眼镜 ∞

为阿拉伯版《时尚芭莎》拍摄
理查德·菲布斯
2021

这不是一本讲秘密的书——我没有秘密。如果你想看的是那样的书,那么很抱歉要让你失望了。但我有一些好故事,还有一些好想法。

这是一本关于生命、关于创造、关于装点生活,以及谈论人生色彩的书。

我享受生活,觉得生命很美好,我非常感激我所拥有的生活。即便我可以永远停留在某个年龄上,我也不会那样做。我不相信那个。我喜欢"活着"的状态。我喜欢人,喜欢去经历,喜欢工作。我几乎没有不喜欢的东西。也许这就是"秘密"?

尽情地享受你的人生吧。

Much love,
Iris

→ 我的收藏

每一件物品都有自己的故事。
每一件都照亮了我的生活。

生活在五彩斑斓的世界里。

我为什么这么喜欢各种颜色？

因为色彩很重要。它能激发我们内心的能量。它对我们的思维方式、感受方式以及看待世界的方式都有着一定的影响，它还影响着我们的个性。能让我们产生共鸣的色彩就是我们个性的视觉外化。

就我来说，我一直对鲜艳的中国红和绿松石蓝情有独钟，但不限于此，也并非总是如此。你呢？

人生是一道彩虹。

我们的生活需要色彩,因为生活有时会非常单调乏味——尤其是在那些最糟糕的日子里,我们的生活就像身处荒漠。色彩能增加活力,还能让我们活得更有尊严。

生活中所有美好的事物都离不开色彩,它能让那些不那么好的事物变得更容易被接受。我觉得我们现在比以往的任何时候都更需要它。

色彩是我们能从中汲取营养、获得灵感的伟大的事物之一,我的生活中是离不开它的。色彩是一份珍贵的礼物,但需要你恰当使用,因为它有影响你生活的力量。

生活可以是你选择的任何颜色,也可以是你想让它成为的任何样子,请相信你自己。

除了色彩,我还一直痴迷于布料和图案。我觉得这些代表着人生的不同面。各种经历就是生活中的"布料"和"图案"。

我不是想要你穿得和我一样,或是想得和我一样——这不是这本书的主旨。我希望你为自己而想,找到属于你的颜色、自信和能够影响你的创意灵感,挖掘你的想象力,相信你的直觉。我很相信我的直觉,深信不疑。穿你喜欢的衣服,按你的选择生活,自信而真诚地前行!

我这一生一直被爱包围,被惊喜围绕,好奇心深重。这本书是我的灵感、影响和感悟的凝结,是我之所以成为我的起源。

→　我,棕榈滩,1948

找到
你的本源。

成为
你自己的
时尚偶像。

明白什么能
让你快乐?

1

一切事物都在

相互影响

关于创造力

简而言之,模仿是一种真诚的恭维。

保持年轻的一部分秘诀是不断学习,所以我认为自己一辈子都是一名学生。在一个创意真空中,没有什么人或物能存在下去,至少在我的生活中是不可能的。

所有的事(所有人)
都是灵感的源泉。
即使是糟糕的经历,
也可能触发好的灵感。

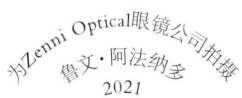

为Zenni Optical眼镜公司拍摄
鲁文·阿法纳多
2021

我之前说过,经历是创造有趣生活的基本要素,就如设计服装的布料和图案一样。你不会想要一匹空白的布料,对吧?

像梅姆阿姨常说的:"不要拖延,去做。经验是什么都无法取代的。"

一切事物都在相互影响

生活是一场盛宴。

做自己的偶像

永远在探索

40年来,我与朋友们一起在美国、欧洲和北非各地旅行,寻找集市、巴扎、跳蚤市场和美味的早餐……

一切事物都在相互影响

我生命中的那些"图案"代表了我曾经历过的不同的冒险——从北非的集市和巴扎到欧洲的跳蚤市场,再到美国一些最时尚的家居店。你的内在精神的具象表现可能是风格,我的精神世界是由图案反映的。我通常会穿着有图案的衣服,生活中的我总是被图案围绕。就像人的个性有不同的层次,空间的个性也是如此。

做室内软装或整体造型搭配其实是一回事,就是把各种元素放在一起。你可以根据自己的经验,再加上你的想法和感受,以及你的喜好和厌恶,运用一样的感觉、一样的审美来进行设计。

我认为一间屋子
应该像衣服一样,
充分反映出居住
在那里的人的个性。

← 我最爱的红色从未让我失望

2016年,我参加纽约的一个颁奖典礼。

一切事物都在相互影响

我穿的衣服从中式的古董长袍到拉尔夫·鲁奇（Ralph Rucci）的晚礼服夹克，再到由詹尼·范思哲（Gianni Versace）本人亲手绘制的花卉图案的衣服。我喜欢我亲爱的朋友杜罗·奥罗武（Duro Olowu）设计的法国乡村风格，那是他从尼日利亚的文化遗产中获得的灵感。他设计的那件受印度文化启发的佩斯利花纹夹克，已经被我用来搭配了很多件不同颜色的衣服。我还有一件19世纪的佩斯利花纹晚装斗篷，非常漂亮。我也喜欢阿拉伯半岛丝绸上所有鲜艳的图案、美洲原住民的手工艺以及传统的北非地毯图案……还有威尼斯的彩绘家具。哦，天哪，这么多简直让我发疯了。

我是很敢于尝试的人。
我喜欢将所有东西混搭在一起……
它们来自不同的地方、不同的时代，与众不同。

因为没地方存放，我不得不大幅度地减少收藏。但我的周围仍然到处都是以前展览过的画作和海报，以及我在旅行中收集的各种宝藏，比如纺织品、水罐、碗、花瓶等你能想到的一切……它们都是我钟爱的宝贝，不能没有。

→ **让生活成为一场盛宴**

用你所爱之物环绕着你。鲁文·阿法纳多，2021。

旅行总是能给我带来灵感。从记事起,无论身处何地,我每天就是在吸收、观察、学习。一切都在发挥影响,这就是生活。生活是你每天吸收和看到的东西,而我就像块海绵一样。

学习会在潜移默化中进行。
我一直在吸收和接纳
各种想法、讯息,
但我很多时候甚至自己
都没意识到正在吸收和接纳中。

把它们全部先储存起来,等到我需要的时候,它们就冒出来了。

作为一名室内装饰师,我总是在世界各地旅行,寻找那些独一无二的物件。后来,我和我的丈夫卡尔♡一起为我们的制造公司"旧世界纺织工坊"(Old World Weavers)研究和采购面料。20世纪50年代初,在踏上欧洲大陆的那一刻,我的生活彻底改变了。伦敦和巴黎的建筑是我的真爱,意大利、希腊的我也一样喜欢。后来我们还去了更远的地方——黎巴嫩、土耳其、摩洛哥、巴基斯坦等。但我们一直没有机会去印度。

↑　卡尔♡——我们的第一次共同旅行

1959年,我们搭乘"毛里塔尼亚"号轮船抵达西印度群岛。

→　美味

← 旧世界纺织工坊的展厅

我真希望我能去那里。我非常喜欢印度的手工艺、色彩和图案。我的设计里有它们的影子,但我只能通过书籍、阅读和博物馆来寻找这种灵感。我们没有机会亲自前往,这是我生活中缺失的一种体验。但这并没能阻止我在想象中无数次地去往那里。

一切事物都在相互影响

风格与
设计
永远
相关联。

如果你问我怎么设计一个漂亮的图案,我会说平衡。设计对我来说,是从一个我可以即兴发挥的想法开始的。感觉对了,效果有了,设计就完成了。可是在此之前,我完全不知道接下来会发生什么。这就是设计的魅力所在。

一切事物都在相互影响

我和卡尔♡一起经营旧世界纺织工坊的时候，我的灵感主要来自17世纪末、18世纪、19世纪和20世纪初的物件。我们发现了有趣的旧设计后就把它们再复制出来。在重现图案和颜色这种事情上，没有规则可循，这也是它的乐趣所在——我们必须先从整体思考，再选择颜色。我对自己的工作有一种直觉，但仍无规则可循。不是每个人都可以这样工作，但这种方式很适合我。

OLD WORLD WEAVERS, INC

一切事物都在相互影响

艺术在我的生活中一直有着很大的影响力。我学过艺术史,很早就接触过许多理念,除了艺术,还涉及建筑和文化的不同方面,从芭蕾(我母亲是个芭蕾舞迷,在我很小的时候就常带我去看演出)到古典音乐。我对运动、色彩和图案的痴迷,一定也受到了这些影响。

而且,在进入艺术学校学习之前,我对不同文化和历史的迷恋就开始了。

在我成长的过程中,父亲给了我极大的帮助。他坚持认为,如果我真的想在世界上取得成功,我最好去接触和了解各式各样的人。

→ 我永远亲爱的父母

我们成了好朋友,也是最佳旅行伙伴。

一切事物都在相互影响

↓ 母亲和父亲，1940

我就是个普通人，并不比别人优秀。我母亲曾经想送我去一所更有希望考进常春藤名校的高中，被我父亲制止了。我永远感谢父亲的这个决定。他那个时候这样做很有道理，开放、包容和好奇心塑造了我的一生。

说某个时代的艺术和设计毫无瑕疵，或者说另一个时代的东西应该被完全摒弃，这两种观点都是不可取的。我喜欢一切带有巴洛克感觉的东西。

我不喜欢新艺术主义，但我欣赏它衍生出来的那些美好的东西。对于动物图案的回归，我很惊讶。每件事都有好的一面和坏的一面。世界上有许多灰色地带——你不能用非黑即白的眼光去看待。

我喜欢一些非常简单的风格，但也喜欢那些大胆而醒目的。一种风格会对另一种产生影响。我喜欢在它们之间游走，把它们混搭在一起。

我很想去6世纪看看,
那时的伊斯坦布尔叫君士坦丁堡,
是拜占庭帝国的中心。

那一时期的
艺术和图案
无与伦比。

一切事物都在相互影响

在色彩运用方面，我与一些艺术家有很多共同点。泰特美术馆举办亨利·马蒂斯（Henri Matisse）及其剪纸作品展览时，我们一起探讨过我的穿衣方式与他的展览作品的相似之处。策展人认为我有与他相似的处理鲜艳色彩的融合方法。我认为他们说得没错。

不知不觉中，马蒂斯已影响了我这么多年。我喜爱的剪纸作品之一——《蜗牛》就是我钟爱的色调运用的典范。那些明亮的方块色彩被晕染得柔和下来，融合得如此漂亮。

← 我的100岁生日派对，2021

我穿的淡黄色衣服，来自H&M。这是一种纯粹的快乐。

时尚编辑们如今都在谈论撞色搭配，但马蒂斯早就在这么做了。他喜欢爵士乐，像我一样。我一想到他用华丽而浓烈的颜色进行剪裁和即兴创作，就觉得很有共鸣。

一切事物都在相互影响

我们旧世界纺织工坊的纺织品设计典雅,很出众。我们与白宫合作多年,恢复和重现了不少老布料,我因此收获了"布料第一夫人""布料夫人"的绰号。这很有趣,因为我后来做了很多复古衣物和古董服装的收集工作,它们大多颜色华丽、细节繁复。

回想20世纪50年代，跳蚤市场还是真正的跳蚤市场。我在巴黎圣旺跳蚤市场里那家我最喜欢的纺织品摊位上发现了一件保存完好的19世纪红宝石色里昂丝绒牧师长袍。就古董布料而言，这是一块令人陶醉的布料，镶嵌了一大片漂亮的丝质提花布料，还配有精致的辫状装饰，非常引人注目，而且这件衣服没人穿过。

卡尔♡坚持认为我不需要任何旧衣服。他觉得这样会让人觉得我们买不起真正的礼服。但我就是要拥有它，觉得它一定能被做成漂亮的鸡尾酒会服装。幸运的是，时尚评论家尤金妮亚·谢泼德（Eugenia Shappard）在恰到好处的时刻出现了。她对着这块布料赞不绝口，卡尔♡也冷静了下来。后来，我在旧世界纺织工坊复现了这种面料，还给它搭配了裤子和拖鞋。这套衣服非常有用，我穿着它参加过很多次白宫正式晚宴，算是我出镜率最高的一套衣服了。

一切事物都在相互影响

大自然是全世界最好的设计师。

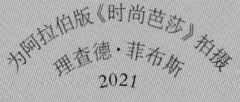

为阿拉伯版《时尚芭莎》拍摄
理查德·菲布斯
2021

我喜欢羽毛的轻快。

↑　长颈鹿图案大衣，1965

这件大衣是在巴黎买的。我当时是在阿拉伯海的一艘船上穿着它。

← 意大利，卡普里岛

20世纪50年代，一位法国朋友从巴黎带来了一个好消息：法国人开始用红酒搭配白鱼。

↓ 用源于自然的灵感来表达个性

一切事物都在相互影响

→ 大自然母亲最懂得一切

我同意她的观点,我也不喜欢那种过于一致的"雷同"。

↓ 钓鱼……

寻找灵感,迈阿密海滩,1938。

其实我是不得不学会喜欢不寻常的搭配的。大约在我4岁的时候,我们去度假村度假时发生了一个小插曲。因为母亲在我的头发上绑了一个与我的衣服不搭配的缎带,我尖叫不止,哇哇大哭。但,当然了,我的母亲才是最懂我的。

～～

只要我们抬头或俯首去看大自然的花花草草、走兽飞禽,还有广阔的海洋,我们就能找到答案。

一切事物都在相互影响

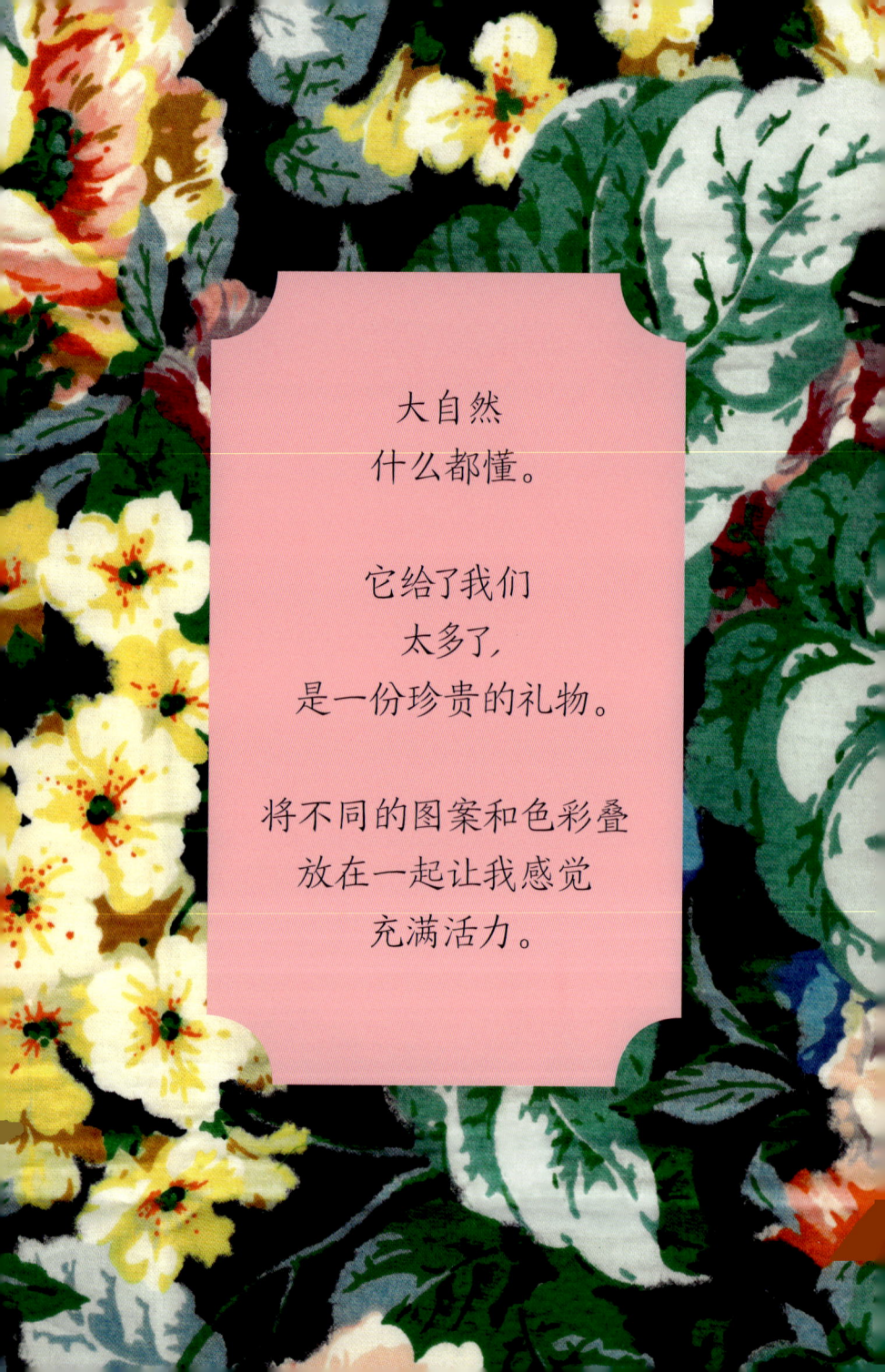

大自然
什么都懂。

它给了我们
太多了,
是一份珍贵的礼物。

将不同的图案和色彩叠
放在一起让我感觉
充满活力。

面对世界。
融入世界。
这是很自然的。

不要过度思考。

并非每一件作品都是
创造出来的。
有些事情只是
自然而然地发生。

2023年,我与Ruggable这个家居品牌合作,创作了一个地毯系列。我把我一生的灵感都倾注在了这个设计中,它非常有趣。我喜欢装扮空间,喜欢思考如何把快乐和趣味融入室内装饰中。设计工作滋养了我的灵魂。能为某个家庭带去积极的改变,这一点让我感到很快乐。

这个世界如此多姿多彩,有非常多的事物可以激发灵感。是什么激励了你呢?

← 狩猎

我记得我母亲曾有一张斑马皮,她特别喜欢。我想以这个记忆为灵感来设计一款地毯会很有趣。在此制作过程中没有任何斑马受到伤害。

→ 查尔达斯地毯

这个图案以匈牙利的民间舞蹈命名,灵感来源于18世纪匈牙利的各种纺织图案。它充满了活力,就像那支舞蹈一样。

一切事物都在相互影响

↑ 翩翩蝶舞

我认为蝴蝶象征幸福。它们扇动多彩美丽的翅膀是在传达：快乐、有趣。

有趣,有趣,有趣。
我们必须
有乐趣。

越多越好,
越少越
乏味。

我们要了解自己并忠于自己。勒曼夫人（Mrs Loehmann）是折扣购物教母，是第一个跟我说我有特别之处的人。她是一位杰出的导师。那时我20多岁，刚结婚不久。在布鲁克林的一个下雨天，我发现了她的店——勒曼百货公司（Loehmann's）。那之前我已经听说过这个地方，但当我看到那个令人惊叹的"后屋"时，还是激动得头晕。那里装满了真正出色的设计师服装，价格却又低得不可思议，我就像进了天堂。

勒曼夫人是一位有远见的人。当时正值大萧条时期，其他人的店纷纷倒闭，而她却让第七大道焕发了活力。她把这些漂亮的衣服全部买下，再以利润极低的价格出售，做起这个令人难以置信的时尚生意。她待过很多地方。她也像一块海绵，在不断吸收中培养她的创造力。她每天都会去市场看看能找到什么——那些我不敢想象能有机会穿上的、各式各样的美丽衣服。但我突然就能买了，这真是让人意想不到。

勒曼夫人非常了不起。她个子不高，总是把头发盘成发髻，脸颊上涂着圆圆的腮红，经常穿着高领的纽扣衬衫，配长裙和抽绳腰带，还有高跟纽扣鞋。她这样的打扮就像是从图卢兹-劳特雷克（Toulouse-Lautrec）的画作里走出来的一样。她会坐在一个高脚凳上,跟网球比赛的裁判似的,注视着商店里的人。我在商店里走来走去时,她总是盯着我看。

有一天,她对我说:

"小姐,我一直在观察你。你不漂亮,以后也不会变漂亮。任何人在这件事情上说谎骗你,你都不要相信。但这没关系。你拥有更好的东西。你有风格。"

→ 在勒曼百货公司寻找宝藏

↓ 那些在旧世界纺织工坊的日子

我找到了理想的窗帘束带,非常开心。
法国某地,1950。

她是第一个真正"看见"我的人。

除此之外,她还教会了我很多东西,包括什么是优质面料,很多关于风格和制作工艺的知识,以及衣物的制作方式。她非常专业,她手中的许多衣服里里外外都同样美丽。那时候我总是时间紧张,而她的商店有不接受退货的规定,但那些面料实在太棒了,所以我就想着,如果有东西不合适,我还可以把它改成一个靠垫。

一切事物都在相互影响

← **米莉森特·罗杰斯**(Millicent Rogers)

拍摄于1947年,这一年她被纽约服装学院评选为年度十佳着装者之一。

↓ **大胆、勇敢**

受米莉森特影响,我爱上了那些器型硕大、造型夸张的珠宝。

我必须说一说米莉森特·罗杰斯。她是一位非常富有的石油继承人,也是社交名媛、珠宝设计师和艺术收藏家。她的穿着总是无懈可击,为人也非常有趣、独特,不同于任何其他人。我对她的衣橱垂涎不已。她总是能从不同地方和不同艺术形式中获得灵感,用很多有趣的方式塑造她的风格。她的品位源自各地:从奥地利民间风格到纳瓦霍服饰,再到巴黎世家。她对自己的信念充满勇气。她还收藏美洲原住民的珠宝,这在当时非常罕见。

她的收藏现在陈列在她位于新墨西哥州陶斯的博物馆里。我和卡尔♡每年夏天都会去那个地方,朝圣般地参观那间博物馆,欣赏那些珠宝。

一切事物都在相互影响

← 母亲总是活力满满。
她在给福克斯叔叔讲笑话。

我母亲对我有很大的影响。虽然她的喜好与我完全不同,但是她的品位非常高雅。她穿得既时髦又得体,搭配得总是恰到好处。她还能用围巾做出我从未见过的花样。我一直对配饰情有独钟,这种爱好就是从她那里继承来的。

她知道自己想要什么,也知道自己是谁。这对我的影响真的很大。

如果想要拥有个人风格,最重要的一点:你得知道自己是谁。你必须对自己的原则有严格要求。

母亲非常幽默。她总是充满活力,讲的笑话也很有趣。她喜欢工作,这也是我热爱工作的原因。

她赞赏我的品位。尽管我们的品位不同,她还是为我奠定了基础。她给我鼓励,这一点很重要。

她在她那个时代真的很特别——她上过大学,还曾上过一段时间的法学院,在我出生之前,她从事着房地产工作。

一切事物都在相互影响

大约在我11岁的时候，母亲重新开始工作。大萧条期间，她在皇后区的长岛开了一家精品店，出售各种价格的服装和配饰，包括许多美妙的服饰珠宝。尽管当时世道艰难，她的生意还是做得很好。我在她的店里工作，帮助大家扮靓。

有一年复活节，她在工作，而第五大道要举行复活节游行。我没有适合的衣服穿，于是我母亲说："我给你25美元，你自己去逛街吧，看看你能带回什么。"

↓ 珍贵的衣橱分享

母亲借了那条裙子后就没还过。

做自己的偶像

25美元在那个年代挺值钱的,这些钱可以买到很多东西。我们一起讨论了购物的策略。随后,我从阿斯托利亚乘地铁到曼哈顿,拿着那笔钱买了一件连衣裙、一双鞋子、一顶绝妙的草帽和一副白手套,还享受了一顿美味的午餐,然后坐地铁回家,最后还有不少余钱。那件连衣裙,我一眼就相中了,它是一条带丝绸领带的印花衬衫裙,配着华丽的纽扣和大大的诗人袖。但我还是对自己说:"不行,母亲说过买东西要货比三家,你不能看到第一件东西就买了。"我必须考虑周全。

母亲觉得她不能陪我去购物很遗憾,但其实这才是最好的安排。这确实算是一次大冒险!但能有这样的机会,给了我自己做决定的自由……回家后,母亲表扬我很有品位,父亲表扬我很会用钱。我的祖父是位裁缝大师,他说我裙子上的纽扣孔太难看了。但是,据我对他的了解,只要他在美国,他从未找到过一个他喜欢的纽扣孔。无论怎样,那是我第一次自己搭配衣服,第一次涉足高级时装和高端金融!也是从那天开始,我越来越会买东西了。

我的母亲、父亲和祖父,他们都是意志坚定的那种人。我继承了他们的这一传统。

当时经济条件不好,但我母亲很会买东西。她买的所有东西都是打折的,因为那时候大家都没钱。她一直喜欢收藏古董花瓶。而我父亲非常了解市场行情,还是一个热情的旅行者。他连欧洲每个首都的奶酪价格都知道。他在德国买了很多东西,因为他曾在那里有过办公室。他的家族是做玻璃和镜子生意的,出品的镜子非常精美,与他合作的客户也都很了不起。他为很多顶级室内设计师工作,这也激发了我对室内设计的兴趣。他在20世纪20年代曾为Barhep进出口公司从德国进口了很多美丽到不可思议的洋娃娃和玩具。我的父母都很喜欢收藏,所以我爱好收藏也是跟他们学的。

↓ 母亲喜欢的一些瓷器

Dearest Honey,

Ever roaming, roaming on. On the train and off again. In one city and out again. Like a perpetual pendulum from one to the other but today dear is the 13th – and heavily will the other days pass till the 22nd and then one long voyage + home sweet home. Love to all

Sam

← 父亲写给母亲的信

一切事物都在相互影响 65

我喜欢到处淘东西,现在也喜欢。最初是因为必须这么做,现在是因为感觉这样很有趣。我喜欢那种捕获到猎物的刺激感。

你可以在凌晨3点钟叫醒我去淘宝贝,哪怕困得要命,我都会爬起来。一进店里,我就精神百倍。即使浑身不舒服,淘东西也能让我振奋起来。我享受寻宝的整个过程。关键是要知道去哪里找。

我买的第一件东西是在格林威治村。当时我十一二岁,已经对古董店着迷了。在那些店里淘东西最让我开心,其他什么事都比不了。我曾在一栋外面有消防梯的老式公寓楼的地下室里发现一家小店。我永远不会忘记那个地方,因为我觉得那是阿拉丁的洞穴。店里有一位彬彬有礼的绅士——达拉斯先生。他虽衣着破旧但气质优雅,戴着小夹鼻眼镜,穿着绑腿。他觉得我很有趣,总是像对待小公爵夫人一样欢迎我,鼓励我四处翻找。我想他可能从未见过一个孩子对那些"垃圾"如此感兴趣吧,他非常善良。

↓ 叮叮当当

我在那里相中了一枚镶有莱茵石的胸针,简直太美了,我无比渴望得到它。可我没钱。之后我就一直努力攒钱。最后,我花了65美分买下了它,当时兴奋得简直要发抖。

我买的东西有一些是古董,有一些是经典款,还有一些是新东西。我喜欢所有美丽的事物,不管它们是用什么材料制成的。我不偏爱某个时代,风格与价格高低也没有关联。我认为最会打扮的人是那些什么凑手用什么、富有创造力的人。在二战后的欧洲尤其如此。

穿搭如果有创意,会让人在普通的时刻也如星光般耀眼。

一切事物都在相互影响

有些人喜欢不寻常的东西，但不知道去哪里找，或者没有自信去挑选，这是很遗憾的。我的收藏非常个人化，我花了很多年才慢慢有了现在的样子。我买东西不是为了给任何人留下深刻印象，而只是因为我喜欢。我买的每一件东西都有它自己的故事。

我们第一次去巴黎时，我还不太懂行，那是很久以前了。当时战争刚结束，那个古董商跟我说："你得来早点。"后来我们就在凌晨4点20分拿着探照灯到场，那会儿的天气又潮湿又冷，很不舒服。这样过了一段时间，卡尔♡对我说：

"这太傻了。你不会买别人买的东西，而你想买的东西，你经常说的是'它肯定属于我'。如果它肯定属于你，宝贝，它早上11点也还在这里，不会被别人买走的。"

从那以后我们就这么做了，晚点去——事实证明他说得没错。

→　如果你非要戴眼镜的话……

68　　　　　　　做自己的偶像

← 准备好了

一切事物都在相互影响

相比其他地方,我更乐意去逛跳蚤市场。但现在许多跳蚤市场消失了,这真让人感到难过。跳蚤市场总能给我一些灵感。以前每次去伦敦,我都会去逛。

我很小的时候就开始收集眼镜框了。那时候眼镜框的价格很便宜,每次在跳蚤市场只要看到它们,我都会买下来。我当时甚至都没有使用的需要,就只是觉得它们是很出彩的配饰。

↑　**在巴黎跳蚤市场寻宝**

现在我有
好多副眼镜框，
多到我都数不清，
而且，
越是大的，
越鲜艳夺目的，
越好。

既然
我要戴眼镜，
那我就要戴
有分量的眼镜。

穿戴那些能表达"这就是我"

↓ 有什么新鲜事,我的小猫?

这是我的一部分Zenni Optical眼镜收藏。"小猫"是我对生命中的挚爱——我的丈夫卡尔♡的昵称。他和我一样,非常喜欢戴个性鲜明的眼镜,并且他总是把它们戴得很得体。这副海蓝色的眼镜就是我受他的启发而挑选的。

"我是什么人"的东西。

一切事物都在相互影响

如果你用心观察,
会发现
灵感无处不在。

我经常仅仅通过呼吸就能获得灵感!说实话,我就像一面镜子,对我周围的环境和事物非常敏感。但我并不会抄袭。有时,你把各种各样的东西放在一起,得到的结果是它们看起来好像天生就该如此。我喜欢这样,把各种想法整合起来讲新故事。

每一件物品

都有故事。

一切事物都在相互影响

朋友和设计师们的话

汤米·希尔费格
Tommy Hilfiger

艾瑞丝是一个充满激情与能量、
魅力四射的人。
她不仅是时尚偶像,
还是时尚的创造者。
她对色彩和面料的理解无人能比。
我知道,她的生活方式和着装风格
激励着各行各业的人们。
作为一个多元化的人物,
她也激励着时尚和艺术界的创意人士。
每次我们有机会与她接触
都受益匪浅。

2

我喜欢能带来快乐的颜色

关于色彩的力量

为 Zenni Optical 拍摄
鲁文·阿法纳多
2021

祖母绿是最完美的颜色。

我钟爱色彩,总是被色彩缤纷的事物所吸引。我从来不做中性打扮,也不是一个喜欢柔和颜色的人,那种颜色会让我感到紧张。

我永远无法像母亲那样,她总是仪态万方,一根头发丝儿都不会乱。她早上起床时看起来就像刚从芝加哥硬币乐队的盒子里走出来一样,无可挑剔、精致时尚。她是一名职业女性,但她非常迷人。

她一直都很完美,淑女且优雅。而我与她完全不同。在我还是一个凌乱的青少年时,这个事儿很让我抓狂。

每个人都会转过头去看她,以及用完全不同于看她的方式看我。母亲的那种自律程度,我永远也达不到,但我很早就明白了,我必须做自己才能感到满足。

当我回忆母亲以及她如何装饰公寓时，我会想到温暖的棕色、深红色和叶绿色——它们都是属于秋天的颜色。

但是她喜欢我对亮色的运用，还会说："我女儿真棒。"而我的父亲，是典型的那个时代的男人。当我想到父亲时，我不会记得他的颜色。他对自己穿什么毫不在意，但他看上去总是那么帅。很有意思，他有一种天生的时尚感。他只有在被逼无奈的时候才会打扮一下，一旦他打扮起来，女士们就会注意到他。但他只关注我母亲一个人。

← 父亲和母亲

20世纪30年代，盛装打扮。

← 上一页

20世纪70年代，和朋友在一起（母亲在最右边，身穿橙色衣服）。

我喜欢能带来快乐的颜色

卡尔♡

他就像灿烂的阳光。

我丈夫喜欢我穿颜色鲜艳的衣服,他自己也喜欢。他从头到脚都很有色彩感——领带、袜子,凡是你能想到的,他都穿。

我一直说我喜欢那些让人快乐的颜色。我不记得我小时候有没有最喜欢的颜色；我只是喜欢彩色，仅此而已。小艾瑞丝喜欢的颜色，现在的大艾瑞丝还是喜欢。

小艾瑞丝还在。她住在我心里，我听她的。

You bring us many happy hours. Your smile, your stare, your baby way

From: — Granma, Ben and Pa

我们始终保持一致。

← 时间都去哪儿了?

↓ 纽约的阿斯托利亚,我那时候大概15岁

我喜欢能带来快乐的颜色

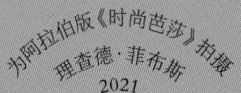

为阿拉伯版《时尚芭莎》拍摄
理查德·菲布斯
2021

快乐的颜色是什么样的？这完全取决于色调，我的选择是清晰、纯净和明亮的色调。我一直说我没有碰到过不喜欢的颜色，但有些色调我的确不是太喜欢——那种浑浊的、泥泞的色调不行，统统不行。我不选这些色调，因为在我眼里它们没有力量，不适合我，不能给我带来能量。

颜色越鲜亮越好，
因为明亮的颜色中蕴含着能量。
所以我喜欢在全身都披挂上
宝石的颜色。

为《伦敦旗帜晚报》拍摄
托马斯·怀特塞德
2012

色彩
太重要了。

色彩
有
起死回生
的作用。

我甚至穿过一件粉色的婚纱裙——无肩带、蕾丝、紧身、裙摆蓬松还配有小斗篷。我画了草图后,我母亲认识的一位高定时装设计师把它做了出来。我是个追求实用的人,想要一件以后在正式场合也能穿的衣服,而不是只穿一次就挂起来放着的。我至今还保留着那双与之配套的浅粉色缎面鞋。我在投资单品时坚信——好衣服可以穿一辈子。如果你活得够久,所有的东西都会流行回来。

说实话,生活可能很无趣。如果你在穿衣服的时候多加点儿色彩,生活也许会有意思些。

→　卡尔♡穿得像个太阳

黑色单独穿的话会让我感觉有点儿沉闷。我小时候常在星期天去哈莱姆区，观察那些去教堂的女士。她们真的很有风格。那是一场视觉盛宴。现在很少能看到了。

但是黑色……当我把它和一种我喜欢的颜色搭配在一起时……哇哦！它立刻就不一样了，我会感觉到时尚、自信。我母亲常说，如果你有一件简单的小黑裙，你就不会没衣服穿；如果你有不同的配饰，你就可以有27套不同的装扮。

当你感觉生活乏味的时候，尝试一下能给人惊喜的亮色吧。

我尤其喜欢用黑色搭配它的对比色——纯白色。我非常偏爱这种搭配。因为黑搭白非常优雅，当然，也永远不会过时，而且无论在什么场合，这个搭配都能给人纯净、自信的感觉。

我常常把不同的颜色混搭在一起,因为那样让我感觉很好。

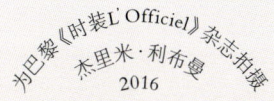

为巴黎《时装L'Officiel》杂志拍摄
杰里米·利布昂
2016

用鲜艳的紫色搭配金丝雀黄或青柠绿，用鲜亮的绿松石蓝搭配夕阳橙，或者以中国红搭配祖母绿，这样的搭配总是让我感觉很舒服。它们让我有了去做很多原来不想做的事的动力，比如起床。这些颜色会向我散发一种愉悦的气息。

我喜欢能带来快乐的颜色

有的时候,世界上最令人兴奋的事情莫过于一场色彩斑斓的盛宴了。

我永远不会忘记100岁生日那天的早晨。当我醒来的时候,我发现平时负责照顾我的那两个可爱的姑娘用五颜六色的气球把公寓装饰得满满当当。漂亮、明亮的颜色的气球像是一罐软糖豆,让人仿佛走进了一个神奇的气球森林,给了我非常强烈的色彩冲击。

我喜欢能带来快乐的颜色

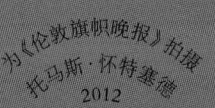
为《伦敦旗帜晚报》拍摄
托马斯·怀特塞德
2012

很好,
很赞。

我喜欢能带来快乐的颜色

颜色是有力量的,因为它非常感性。

勇气是红色。我最喜欢的唇膏颜色是非常亮的红色,其次是亮粉色。明亮的红色唇膏带着一点点优雅,又极具冲击力。就像曼·雷（Man Ray）说的那样:

"一颗勇敢的心
威猛又高贵。"

我喜欢这句话。

但也不是任何一种红色我都喜欢。我喜欢偏橙色系的红色——夕阳橙。我爱它。这是一种带着"肯定"意味的颜色。它总能让我振作起来,与蓝红色完全不同。

我大手笔购买的第一份时尚单品是一件橙红色的浪凡（Lanvin）大衣,上面有一个大大的帽徽。我在巴黎的一家精品店买的这件衣服,同时还买了一件黑色缎面披风。不太好意思说价格,因为那会儿和现在差别太大。由于我们很快就要离开巴黎,因此他们安排人把我买的东西送到了船上。"没问题,夫人。"那位迷人的售货员说,"它们会在您到达戛纳时被送到您的套房里。"后来,它们果然被送到了我的房间,用一个系着丝绸缎带的漂亮盒子装着。这真是很让人开心!

我喜欢能带来快乐的颜色

亮红色和绿松石色都是冒险的颜色。穿上它们让我有在冒险的感觉。米莉森特·罗杰斯收藏了一条由不规则的绿松石块串成的项链,又大又重。这条项链让我叹为观止,它太有活力了!我之所以穿绿松石色的衣服,主要是因为它会让我想起很多过往——和卡尔♡一起的那些度假时光——它让我觉得自己还是那样精力充沛。有时我全身穿戴的都是绿松石色。

为Zenni Optical眼镜拍摄
鲁文·阿法纳多
2021

在我为H&M设计的服装系列中,有一件绿松石色搭配绿色的美丽套装,它用精美的提花面料制成,饰有刺绣和可爱的珍珠豆。我非常喜欢这套衣服,穿上它的感觉就像穿上了高级定制时装。我搭配了一条绝妙的橙色和绿色镶嵌的项链,上面挂着一个祖母绿青蛙吊坠,还可以把它取下来当胸针戴。它看上去有点儿狂野,但又很百搭。祖母绿是一种让我感觉很好的颜色。

↓ 身着H&M套装,纽约,2021

为阿拉伯版《时尚芭莎》拍摄
理查德·菲布斯
2021

耐心是水鸭蓝色。平静是柔和的蓝色——就是那种在日出日落时远眺大海或仰望天空时看见的蓝色。

牛仔蓝是坚定的颜色,至少对我来说是这样。我可能是美国第一波穿牛仔裤的女人。我非常喜欢靛蓝。我酷爱牛仔裤,拥有很多条。它们是可以施展创造力的画布。

紫色是假期的颜色、花朵的颜色,也是告别的颜色……

Beautiful Sunset Cool Breezes, The weather is fine

↓ 有卡尔♡在身边,生活就是度假

← 雅诗兰黛之家,棕榈滩

这是一栋1930年由霍华德·梅杰(Howard Major)设计的建筑,是路易十六风格。

我疯狂地喜欢大帽子。下页的大帽子照片是在卡普里拍的。卡普里非常漂亮。多年来,它一直是我们在地中海旅游的中心。我在那里定做了很多衣服。我在我们住的基西萨纳大酒店附近的一条街上找到了一位很棒的裁缝。(基西萨纳的意思是"这里躺着健康"。)

我喜欢把绿色和粉色搭配在一起。这种组合会让我产生跳舞的冲动。粉红色的唇膏让我想亲吻每一个人!

我喜欢能带来快乐的颜色

是什么让你
精力充沛?

我的风格从何而来?它就伴随着我啊,一路无拘无束地成为现在这样。我不会把打扮身体和打扮空间分割开来看。

如果你喜欢穿某种颜色,为什么不在生活中也使用这种颜色呢?

我的穿衣方式对一些人来说可能是"**与众不同**"或者说"**稀奇古怪**"的,但我穿衣服不是为了吸引别人的目光,我是为自己穿的。"有节制的巴洛克风格",这就是我的风格。我一直喜欢看起来旧旧的东西,这让我看起来更漂亮。但我也喜欢把高档和低档的东西混搭在一起,随心所欲地搭配。你必须忠于自己。除此之外,真的没有什么特别的窍门。

要是打扮得用力过猛,整个人会看起来不自然,就像在穿戏服一样。如果发生这种情况,我建议干脆别打扮。一旦你把打扮这件事看得太重,那就糟糕了。与其穿得好却不像自己,不如穿得开心。谁想在镜子里看到别人呢?

若是问我"服装中最重要的是什么?",我的答案肯定是穿它的人。

↑　帽子会有嫌大的时候吗?

我喜欢能带来快乐的颜色

有时我的穿着比较浪漫，也比较温婉，就像柔和的爵士乐。有时我的穿着带有锐气。有时我只是随心所欲地穿着。你可能已经注意到了，我不是一个极简主义者，总是坚持越多越好，少则乏味的原则。

请穿你想穿的任何衣服！当你在穿衣上不追求像其他人一样时，你在思考事情的时候也不必去想要不要与别人一样。

为俄罗斯版《时尚芭莎》拍摄
克里斯托弗·斯托弗
2010

我其实喜欢那些有建筑感的、基本款的和夸张剪裁的衣服，但这些衣服的整体造型必须大而醒目，充满魅力。这是我感受事物的一种有形表达，有点儿大胆，有点儿活泼。这也是我用色和搭配的出发点。尽管很多人说他们不想花工夫在这上面，但打扮得漂漂亮亮的总是能让人感觉更好些。

为Zenni Optical眼镜拍摄
鲁文·阿法纳多
2021

购物时我是个无可救药的浪漫主义者，总觉得那些色彩和布料在跟我说话。

卡尔♡曾说我看一块布料时，像在和织线对话。确实是这样，我觉得它在给我讲故事，给我唱歌。如果我面对着某样东西却没有这种身体反应，我就不会买它。这事就像是一见钟情，被一道闪电直劈天灵盖似的，很有趣！

如果你在选择配饰的时候使用这种办法，可以让所有的东西变得独特，并带上你的个人风格。这条源自大萧条时期的建议到今天都有用。

卡尔♡和我四处旅行，寻找能为我们织造面料的工厂。旅行给了我一个很好的机会去寻找东西。我每年去欧洲两次。我们的工厂在巴黎有办公室，时装周期间我会经常去那里，所以我们对法国相当了解。

我喜欢能带来快乐的颜色

旅行让我的生活变得丰富多彩。

我喜欢我去过的每一个地方。伊斯坦布尔对我来说非常珍贵……色彩上有让我瞬间"一激灵"的感受！那里不仅仅有熙熙攘攘的大巴扎中的生动色彩，还有随处可见的温暖的香料色调和华丽的服装，都让人有难以形容的兴奋。那些颜色会让我记起第一次和父亲在蔚蓝的天空下，沿着博斯普鲁斯海峡航行到伊斯坦布尔，以及早年和卡尔♡在一起的时光。我们在一个春天的早晨，从意大利西部的一个港口乘船出行，在清澈湛蓝的海水中游泳，海豚在我们旁边嬉戏。我痴迷于布尔萨浴室里装香皂和洗脸布的金光闪闪的锡罐，土耳其毛巾就是从那里来的。我一直留着那个锡罐，现在还会把它当作手提包用。

伦敦从没让我失望过。中国香港、柏林也是如此。1958年，我和卡尔♡乘船去了迷人的爱尔兰淘古董，还去了阿姆斯特丹那些流动的花卉市场！绿色的巴塞罗那、蜿蜒曲折的小巷和闪着银光的珠宝现在还浮现在我眼前。当然还有建筑大师安东尼·高迪无处不在的色彩运用。我的爱人和我一样热爱色彩和一切不同寻常的事物。

墨西哥城从很多方面来说都是壮观的，尤其是当地的建筑。我第一次走进弗里达·卡罗和迭戈·里维拉的宅子时，都呆住了。整栋建筑好似一块色彩斑斓的调色板，身处其中就像做梦一样，那些饱和色非常明亮、大胆，闪着光。

多年来,我们走遍了意大利的每一个角落,后来又从那里乘船前往北非。我们经历了许多次冒险,从卡塞塔到威尼斯,再到米兰和卡布里。每条小巷都充满了颜色鲜艳的纽扣和看似清淡的蕾丝。让我想起罗马小餐馆里盛满了熟透的红番茄的小碟子;罗马多利亚-潘菲利宫中种满橘子树的大院子;穿着雪白的棉布围裙,长着黑橄榄色眼睛,为我们端上意式浓缩咖啡的那不勒斯咖啡馆里的小男孩们;威尼斯的摩尔式建筑中那些条纹柱上的斑驳油漆;围绕着赛马节的锡耶纳城的庆典活动,以及坎波广场的中世纪赛跑活动。意大利对我们来说非常特别。

我喜欢能带来快乐的颜色

但我更疯狂地爱着北非和中东。这些地方能唤醒我的感官,激发出我内心深处的共鸣。我想我可能生来就有一种"市集感"。贝鲁特和突尼斯也令人着迷,和当时我们美国人认为的最优雅的城市巴黎一样让人兴奋。我爱它们。

还有那不勒斯,它的繁忙、喧闹和大胆总是让我无比惊讶。对我来说,它就像我在北非爱上的城市一样,是一个思想的大熔炉。我喜欢任何可以去探索的地方,喜欢那种不期而遇的能量和兴奋感,以及意外的惊喜。我的梦想之旅现在仍然是从市集到市集,从北非到中东。那些地方的颜色繁复精妙,而我总是会被色彩鲜艳的东西吸引住。

我去过的色彩最缤纷的地方是摩洛哥的丹吉尔。我现在还能很清楚地记起我下船时看到的五颜六色的树林，我第一次看到这么鲜艳的树木。明亮的颜色、聪慧友好的当地人、各种热闹的聚会、金色和白色的礼服，让我有了一次丰富的体验。

我和卡尔♡无论到哪儿，都习惯走进那些颜色鲜艳的地方。有一次去西迪·布·萨义德，一个位于突尼斯城外悬崖边的小镇，我们很幸运地被邀请去参加市长女儿的婚礼。当时已经很晚了，整个村庄的人似乎都来了。我喜欢那个小镇——它有点儿像迷你的卡普里岛。所有的房子都是白色的，配着天蓝色的门和木框，还有鹅卵石铺成的街道，街道两旁开满了鲜花。

我喜欢能带来快乐的颜色

还有一次,我们在克里特岛看堤坝上晾晒的葡萄,当地人就邀请我们在柏树下一同用餐;在爱尔兰的乡村,我们停在路边问一位老先生是否可以拍摄他浑圆美丽的茅草屋顶,他很热情地邀请我们一起坐在古董火炉旁喝茶;在锡耶纳,我作为贵宾出席了帕利奥赛马节前一晚举行的宴会;在摩洛哥那次,我们遇到了一场当地的乡村婚礼游行,被那匹覆盖着银色装饰的白色婚礼马深深吸引住了目光,最后我们被正式邀请参加了婚礼派对。

我们不会说当地的语言,但这

并没有什么妨碍。

朋友和摄影师的话

鲁文·阿法纳多
Ruvén Afanador

我刚开始摄影生涯时，眼中的世界只有黑色和白色。因为色彩的缺失能创造出戏剧性的效果，增加神秘感，我也借此方式表达对佩恩、埃夫登和查姆比的敬意。他们的作品是我的最爱。随着时间的推移，以及经过在墨西哥、印度和南美洲的多次旅行，我对色彩有了不同的认识，并开始寻找把黑白色转换成彩色的方法。正是在这个过程中，我开始注意到艾瑞丝·艾普菲尔。她在色彩运用上的无所畏惧吸引了我，并给我留下了深刻印象。她像一位伟大的交响乐指挥家一样，用意想不到的方法把颜色一层一层地调和在一起，调出了属于她自己的调色板，创造出她自己的独特的彩虹。几年后，我第一次为艾瑞丝拍照（之后也多次为她拍照），有幸观察了她为我们的拍摄所搭配的服装和配饰。她那些出自本能的决定显示出一种与生俱来的精致、自信和品位，这是只有生活在时尚与美丽中才能具备的特质。认识艾瑞丝并向她学习是我的荣幸。现在，我在自己的摄影中也尽可能地运用色彩，以此向艾瑞丝致敬。

3

大胆
行事

关于趣味

为《南德意志报》拍摄
安德烈·拉斯洛
2011

如果生命是一场派对，那它的好坏是参加派对的人成就的。派对可以有壮观的场地、美味的食物和其他种种，但如果来参加的人乏味无趣，那这场派对就什么都不是。有好奇心和幽默感的人是最好的交朋友人选。我相信我从小就获得了这两大天赋，同时我也在寻找有这些特质的人。

你要经常笑！这是一种福气。

我希望每个人都过得愉快。我喜欢逗人笑,这让我自己也非常开心。我追求快乐,会尽可能地从每件事中找到乐趣。我想这也是我喜欢鲜艳色彩的原因。

我很容易被逗乐。
我想在每件事中找到乐趣和幽默。

这是一种知性的快乐。是的,我从不主张追求无脑傻乐(鱼子酱极其美味,一直是我所爱,但在卡尔♡开始低盐饮食后我们就放弃了,有时我还会梦见它)。

我真的相信,
如果世界上有更多的人能记得年
幼时的自己的样子,能听到内心那

个孩子的声音,这
个世界上的残酷和
冷漠会少很多。

保持那样一份纯真
太重要了,有了它,你看世界的
眼光都会不同。

我没有孩子气，但我有孩子般的天真。这完全不一样。

我先生卡尔♡也是这样的人。幸运的是,我们找到了对方!我是在乔治湖遇到卡尔♡的。我当时是存了钱和一个朋友去那儿玩。那是我第一次能够用一份薪水来支付假期费用。卡尔♡对我的朋友说,如果我去把鼻子整一下,会变得非常有魅力。我说:"你跟他说爱咋咋地,我就这样了。"

尽管他那样评价我,但他还是向我朋友打听我的各种信息,以及回到纽约后如何找到我。几个星期后的一天,我下班回到家,电话铃响个不停——是卡尔♡打来的。他说:

"我喜欢你今天穿的那套衣服。"

他告诉我他很喜欢我的帽子,还有我那天穿的套装很出众。我说:"天哪,你是不是在我的衣柜里?"

他当时刚结束了一场商务活动,正在第五大道上。他乘坐的公交车在邦维特·特勒百货公司(现在是特朗普大厦)前抛锚了。他坐在公交车上等着人来修,而我就站在那里,和我母亲还有我前男友阿瑟·恩格兰德在一起。阿瑟是达拉斯的大型百货公司内曼·马库斯的一位高级时装买家,他很欣赏我母亲,每次来都住在她的公寓里。当天,我们和她一起在纽约广场饭店吃过午饭,他们正要送我回去上班。经过邦维特·特勒百货公司时,他和我母亲停了下来,讨论起旁边橱窗里的服装。

大胆行事 享受乐趣

一开始,卡尔♡约我出去,我拒绝了。当时是9月。我有很多男朋友,而且我从来没想过要结婚。我玩得很开心。每次他约我出去,我都在忙。我再一次见到卡尔♡是在10月的哥伦布日晚上。我室友那天结婚,我晚上有空。

我室友有一个非常迷人的绅士朋友,她一再劝我见见他。我开始是拒绝的,因为我从来不去相亲,但我们还是在她的婚礼上见到了。他邀请我共进晚餐,但我告诉他,我已经在街对面的华尔道夫·阿斯托利亚酒店预订了6点的晚餐。整个下午,他都在跟我说一定要取消那个预订。

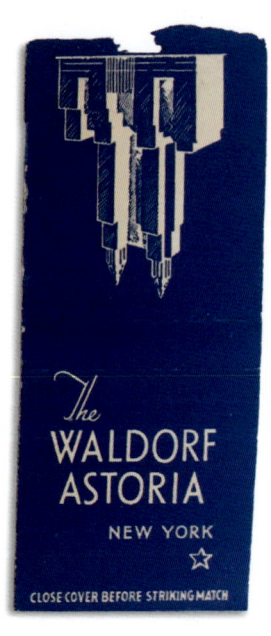

最后,为了让他把嘴巴闭上,我同意和他一起去吃晚饭,选择放卡尔♡的鸽子。当时还没有手机,我无法及时联系到卡尔♡,告诉他取消约会。然而,当6点的钟声敲响时,我发现我做不到。

我穿过马路去见卡尔♡,我很感激自己当时做了这样的决定。他既有趣又酷,还有魅力,并且可爱,会做中餐。我无法想象如果那天我没有去赴约,我的生活会是什么样子。

有时候，一切都归功于时机刚刚好。

感恩节那天，卡尔♡向我求婚。圣诞节的时候，我收到了闪闪发光的钻戒。在总统日（2月的第三个星期一）那天，我们在华尔道夫·阿斯托利亚酒店举行了婚礼。

我从来没想过要花钱办婚礼，我想私奔，我觉得这些钱可以有更实际的用途，但我的父母和祖父母都想要婚礼。婚礼规模不大，但非常漂亮。我们去了棕榈滩度蜜月，之后我们一直过着度假般的生活。

无论
什么年纪，无论
什么性别，
爱都是无价的。

大胆行事 享受乐趣

当亲爱的阿尔伯特·梅索斯拍的关于我的纪录片上映时,人们对我说:"**我们本以为会看到一部时尚电影,结果却看到了一个爱情故事。**"这确实是一个爱情故事。它讲述了我生命中的两大激情:工作和卡尔♡。作为一个古董收藏家,大家都说我很前卫;但说到婚姻,我是个老派的人。我和卡尔♡在一起度过了68年的时光,几乎所有的事都一起做,甚至用同一款香水。卡尔♡在100岁时去世,离101岁就差一点点。我知道他非常不开心,因为他很想活到101岁。

卡尔♡很特别。他天生如此。他是一位真正的绅士,既勇敢又慷慨,毕业于纽约大学的广告学院。

他把我推向了聚光灯,
并在我的成功中得到了满足。

在我早期从事室内设计工作的时候,他经常会带着他的工具箱出现在现场,看着我干活,就像是我的私人狗仔队。还有什么比找到一个为你加油的人更幸运的呢?当我被表扬时,他比我还要激动。他有着极好的、疯狂的幽默感,非常风趣。

↑　我们的蜜月,棕榈滩,1948

旅行时我们总是带着很多的窗帘和室内装潢布料，我会先画出草图，再在小镇里找当地的裁缝做衣服。慢慢地，我做了一个衣柜的衣服。这样过了一阵子，我就想，这对卡尔♡不太公平。所以我用手头上最狂野的一块布料为他做了条裤子。每个人看了那条裤子都会说："卡尔♡，你的裤子太棒了！"他们问他从哪里买的，他会回答：

"我刚把沙发套拆下来做了裤子。"

从那之后，他有了很多条裤子，有些很古怪，有些则比较优雅，但他都骄傲地穿上身了。

他还经常尝试其他有趣的东西,譬如帽子什么的。20世纪50年代,我在都柏林给他买了一枚戒指——我说服了卖家,直接从他手指上取下来卖给我的——卡尔♡戴上后没摘下来过。我们唯一有分歧的地方就是跳蚤市场。

我们一直在寻找乐趣,从未停止。在婚姻中,你需要有耐心,还要有幽默感。你不应该压抑任何人,也不应该嫉妒,这非常重要。我的丈夫总是给我足够的空间,包括衣柜里的空间。

除此之外,他还十足幽默。我记得当时大都会艺术博物馆服装学院的策展人哈罗德·科达和他的团队来我们的公寓为我的展览挑选服装。衣服铺得到处都是。

后来,我们不得不把公寓里所有的家具都挪开来放这些衣服。卡尔♡看后笑着说他可以睡在抽屉里。

刚开始创业的那段时间，我们拖着一个装满样品的箱子到处跑。箱子太重了，卡尔♡都搬不动。后来他就在箱子上装了轮子。我曾经开玩笑说，如果他在这个发明上深耕，我们下半辈子都能靠它生活了。他会说：

"但你想过我们会错过多少乐趣吗？"

他就是这样的人。

我的哲学是活在当下——昨天已经过去了，你也不知道是否还会有明天，所以不妨好好享受今天。

就像我丈夫常说的那样：

"你应该把每一天
都当作最后一天来过，
因为总有一天
你会是对的。"

你要自己找到乐趣。为什么不能逗大家开心一下呢?我认为有时人应该放纵一下自己的想象力……这是给他们一个放松的机会。

我觉得太多人对自己应该穿什么或不应该穿什么过于紧张了。

打扮自己应该是一件开心的事情。

坚持按你喜欢的方式，去穿你想穿的衣服，你看起来会很棒，因为你会感觉那才像你自己。

年龄可以
变老,
但人别
变得乏味。

享受
人生旅程。

你要去镜子中打量自己,确保在镜子中看到的是你本人,而不是别人。

世界变得越来越同质化了,我觉得时尚是映照世界的一面镜子。在纽约,有时你可以通过人们的穿着判断他们住在哪里。我一直在寻找原创的东西,像提着灯笼的狄奥根尼。我希望能恢复一个"无潮流"的世界,在那里没有"流行"或"过时"这样的东西。我90多岁的时候,还穿过那件漂亮的黑色诺曼·诺雷尔连衣裙,那是我和我丈夫第一次约会时穿的。我们每个人都有自己的个性,大家应该好好利用它,而不是把它隐藏起来。我的衣橱里充满了快乐。穿衣打扮本身就应该是快乐的。

对于我来说,享受过程中的乐趣是我最喜欢的事情。

如果我要去参加活动,我花在打扮上的时间可能比参加活动的时间还长。我喜欢在我的衣橱里翻翻找找,寻找那些让我惊喜的东西。

大胆行事 享受乐趣

但有时我也会直接穿前一天穿过的衣服,因为都已经搭配好了,我可以立马穿上,骑上我的扫帚就飞走!这也很好。

多笑一笑。如果你能保持幽默感,保持童心,你就会给新鲜的人和新鲜的事更多包容。你也将永远能以准备好的姿态迎接冒险。

每天笑一笑,医生远离我。

我爱……

一个好笑话。

小狗。

很多动物。（很多人会给我寄他们的宠物穿上我的同款衣服的照片——谁看到这些会不开心呢？）

装饰品。

毛绒玩具，一整个动物园。它们是我的伙伴，我爱它们。

我特别喜欢过膝靴，它们最棒了。

我喜欢任何带有羽毛的东西，例如孔雀、猫头鹰、火烈鸟。

长围巾和有趣的染色皮草。我不喜欢严肃的皮草。

还有泰迪熊。

美味的食物。我一直很喜欢棕榈滩一家餐厅的松露比萨，大部分意大利食物……还有烤奶酪。

一块好吃的小蛋糕。

还有派对上的真材实料的食物——而不是那些花里胡哨的生菜。

带点儿热带水果的印花。

形状像狗的包。

瓢虫手镯。

我喜欢那些既精致又带着点儿古怪、带着点儿疯狂的东西。

带俏皮表情的吸烟拖鞋。

我痴迷于爵士乐，老爵士乐。

电影《龙凤配》和《热情似火》。

我爱的人快乐的时候。

索尔·斯坦伯格，这位漫画艺术家的作品诙谐、有趣。

带亮片的运动鞋。

一年到头的各种节日装饰。

大胆行事 享受乐趣

爱,
爱,
爱。

一个
好的
笑话……

装饰品……
毛绒玩具……
泰迪熊……
美丽的昆虫……

精致的
同时又
有些古怪的……

闪光
和亮片……

大胆行事 享受乐趣

我和爽健（Dr.Scholl's）设计师的合作给了我一次用上所有喜欢的元素的机会——这次是以鞋子的形式出现。太奇妙了。

我一直说，如果你做了个好看的发型，穿了双漂亮的鞋子，就没什么能难倒你。我在生活中一直秉持着这个信念。

我追求色彩缤纷，认为色彩就是生命。
它点亮了我们的精神，也点亮了我们的灵魂。
我喜欢那种轮廓突出、有趣的鞋子。

↑ **爽健标志性经典木质凉鞋**
这是本系列的灵感来源，以纪念该品牌成立100周年。

卡尔♡先生的这个设计让我想起了
他每天在我们公寓里穿的那双拖鞋。
他也挺潮的。

↓ 帮卡尔先生审稿

只要你足够仔细地观察和倾听,每件物品都有属于它自己的故事。

每件事物都在不断地与其他事物相互关联、相互影响。

你只需要将它们融合在一起。从你了解的地方切入去做,就可以创造出新的东西来了。

我的创意之旅始于纺织品,如今还在继续,并用一件件漂亮的装饰品续写着新的篇章。

大胆行事 享受乐趣

我超级喜欢米老鼠。

我真是太喜欢他了。我有一件印着米老鼠图像的牛仔衬衫,已经穿了很多年。我喜欢说自己是他生命中的年长女性。他其实不比我小多少,但这样说起来感觉不错,对吧?

还有科米蛙。我们棕榈滩的公寓里有一只叫格斯的大鸵鸟,掀开它的翅膀,你会发现它的肚子里装满了酒。科米蛙总是紧挨着它,结果自己也变成了一个可怕的酒鬼。

我喜欢
有趣的东西。

↑　我的一些珍藏

它们各自承载着丰富的故事,而我有幸成为其中的一部分。

我有很多有趣的珠宝。说实话,一个只需4美元就能买到的超值戒指或手镯带给我的快乐,远比去逛哈利·温斯顿(Harry Winston,著名珠宝品牌)还要多。由于经常戴着各种造型夸张的项链和手镯,所以我的脖子和手臂都变得很强壮——有时候为了艺术,你确实不得不做出一些牺牲。

卡尔♡有很多便宜的手表,不过他的好表也不少,尽管他从来都不知道确切的时间!但这些手表总能让他开心。

我对钻石不感兴趣,对精致珠宝也没什么兴趣。我认为制造商和艺术家们在制作服饰、珠宝时更有创造力,因为选用的材料不那么昂贵,所以他们可以更大胆地尝试,创作出更为有趣的作品。

珠宝所展现的动态、色彩、乐趣和可能性才是关键。我有一枚胸针,上面镶嵌着各种宝石。乍一看,它像是一位19世纪的时髦绅士,穿着长礼服,戴着有趣的高顶礼帽。但它其实是一件会动的饰品——上面的头会摇晃。当你仔细看时,你会发现它并不是一位绅士,而是一只猴子,真的非常有趣。

大胆行事 享受乐趣

为Zenni Optical眼镜拍摄
鲁文·阿法纳多
2021

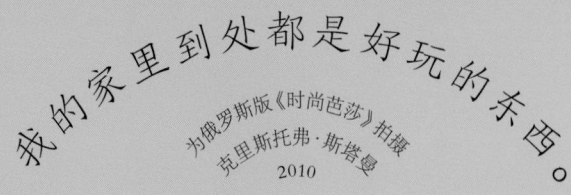

我的家里到处都是好玩的东西。

为俄罗斯版《时尚芭莎》拍摄
克里斯托弗·斯塔曼
2010

如果你是一个严肃的人，那么拥有一座严肃的房子是不错的，但我喜欢让周围环境有趣一点儿。虽然有些屋子装饰得很好，非常漂亮，可在我看来它们千篇一律，缺乏个性，更像昂贵的酒店套房，你完全感受不到居住者的气息。比起那些完美无缺的房子，我更喜欢带有几分瑕疵的。

我记得戴安娜·弗里兰（Diana Vreeland）曾说过，"你可能会因为品位太好而受苦"。我喜欢被那些让我看着开心的东西包围。它们不必在别人的眼中看着顺眼，只要它们对我来说有意义，就足够了。我总是希望人们在离开我家时，能够带上一些我营造的幽默感，感到快乐和放松——我收集一切可以带走的东西，所以我有一些古怪的东西——我也一直希望他们下次再来。

你需要懂得怎样随机应变。

对于创造力来说,最重要的事情之一是即兴创作的机会。我刚开始做室内装饰时,与室内装饰师埃莉诺·约翰逊(Elinor Johnson)一起合作过,当时我们要为一套公寓配一张咖啡桌。那时二战正酣,根本买不到家具。

我记得我去了包厘街,找到了几根旧柱子,把柱顶砍掉后带回了公寓。我们在柱顶上搭了一块厚玻璃,就做成了一件引人注目的作品——一张完美的鸡尾酒桌。如果没有即兴创作,它就不可能存在。

循规蹈矩,就玩不起来了。

我在美容和时尚领域的第一份重要工作,是在我90岁那年为MAC设计一系列化妆品。生活也好,艺术也罢,没有什么是一成不变的。我不遵循规则,我只会打破规则。何必浪费时间呢?在我看来,规则就是来毁灭艺术的。

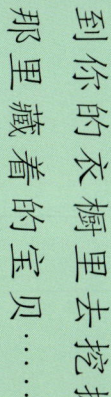

到你的衣橱里去挖掘那里藏着的宝贝……

你永远不知道会
找到什么样的衣服！

按你自己的想法去玩你想玩的。试试这个，试试那个。每次都要不一样。

这样活着，多好啊！不是吗？

有时候，
你得学会
随机应变，
才能
完成目标。

20岁那年,我从纽约大学转学去了威斯康星大学。我需要修一些学分才能满足课程要求。那是一段很糟心的日子,因为我得找工作,还得想办法毕业。我需要找到在纽约大学没上过的课程才能修满学分,但怎么也找不到,真是急得快发疯,晚上经常失眠。

突然有一天,我发现了两门课程——博物馆管理一和博物馆管理二。我找到了老师——一位上了年纪的老教授。他的办公室远在校园的另一侧。他坐在那张大书桌后面对我说:"你来做什么?"我说:"我来这儿上您的课。"他说:"哦,我的天哪!你是近十年来第一个来找我上这门课的人。"

我想他应该是一直在耐心地等待退休,而且已经放弃了有学生来上课的希望。不管怎样,我们开始交谈。他很有魅力。我说:"您一定知道要教我什么课,也知道我要做些什么吧?"他说他完全没有头绪,所以我建议我们一起想办法。最后,我终于知道他想要什么了。他想创办一个美国文化主题的博物馆。

大胆行事 享受乐趣

我俩一致同意我来写一篇关于美国爵士乐历史的论文。我还在长岛市上高中时,就是个爵士乐迷——我们高中有一大群人每周都会去看本尼·古德曼(Benny Goodman)的乐队在全国广播公司《让我们跳舞》节目录制现场的表演,我们穿着马靴在过道上一边看一边跳舞。能想到这个选题,我很开心,直到我发现图书馆里没有一本关于美国爵士乐历史的书——毕竟那是1940年。我该怎么办呢?

我苦恼了整整两个星期后,在报纸上看到了影剧院正在举办某个活动的消息。真是走运!机会来了。虽然希望渺茫,但我总算有了一个机会。那天下午我翘了课,换上最得体的衣服去了剧院。我敲了敲剧院的门,有人从门后探出头来。他上下打量着我,眼睛瞪得圆圆的。

我穿着非常考究的衣服:灰色羊绒衫、法兰绒裤子、休闲鞋,还有一件令人惊艳的白色康奈尔夹克——上面有酒红色的镶边和非常漂亮的扣子——这是我以前的一个男朋友送给我的。

他说:"天哪,天哪,你的裁缝是谁?进来吧。"于是我偷偷地从舞台门溜了进去。我非常幸运,爵士乐大师艾灵顿公爵(Duke Ellington)那个星期正好在麦迪逊的剧院演出,两场电影放映间隙都会进行表演。在剧院门口,我遇到了乐队里的小提琴手雷·南斯(Ray Nance)。公爵正在表演,但雷说等他下台后会把我介绍给他。我和公爵一见如故。我是个热情的学生,他说他会尽他所能来帮助我。

他是我见过的最有魅力的人之一,举止优雅,风度翩翩。

他一整个下午都在给我讲爵士乐的故事,我走回家时都是兴高采烈的。他说我可以每天都来——我当然照做了。那一周,我在教室的座位都是空的。谁能拒绝这样的邀请呢?我们无所不谈,从不同音乐家的风格到爵士乐运动。我简直不敢相信他会这样花时间和我交流。

到了周末,乐队要去芝加哥的南区,那里有一场爵士乐手们的聚会——一群音乐大师和他们的朋友都会参加。公爵邀请我一起去见见他们。我简直不敢想象!他们都是来看公爵表演的。我怎么能错过呢?

大胆行事 享受乐趣

然而，我忘记征得母亲的同意了。当我回到女生联谊会时，我发现没有她的允许我不能去芝加哥。我给母亲打了电话，她说绝对不行！我告诉她我必须去，我的毕业就靠它了，但她还是说："不行。你不准去。就这样。"

于是，我从窗户爬了出去。

就这样，我克服了那个障碍。

我乘火车去了芝加哥，住进了一家酒店。那感觉就像我来到了天堂。我获得了各种各样的信息，遇到了许多令人难以置信的人，他们和公爵一起即兴演奏。我安全回到了家，并成功完成了论文。我做到了，并且做得很好。如果你开动脑筋去想办法，你就一定能做到。我后来还写过一篇关于美国女性帽子历史的论文——但什么都比不了与爵士乐大师们一起即兴去公路旅行的刺激。

我喜欢即兴创作。

我总是喜欢像演奏爵士乐
一样去做事情……
试试这个,
试试那个。

← **投入工作**

我早期的室内设计作品，20世纪30年代。

这样做更有意思。在我刚开始从事室内设计工作的时候，有些客户无法接受我的工作方式。我没有任何他们可以拿来参考的推荐信或者作品。但只要他们按我的想法去做，我就能在他们的房间里挥舞我的魔法棒，变出让他们激动的作品。

我从未画过设计图。我会尽我所能地研究他们的品位和兴趣，并以此为基础创作出美来。我全身心地投入其中。最后，他们中的大多数人都选择了相信我，让我全权处理。我可以根据实际情况自由决定。我更喜欢这样的方式，更自然。

大胆行事　享受乐趣

5-DAY LOAN SAMPLE

THANK YOU FOR YOUR COOPERATION!

LD WORLD WEAVERS, INC

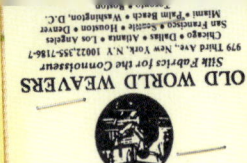

用心去感受。

–

然后接受它,
抓住它,
紧紧握住它。

–

不要失去它。

你得热爱你在这个世界花了时间去做的事情,这是基础。感受是最关键的。我没有做什么,而是在感受。如果某件事令人兴奋又有趣,我就先全身心地投入去做,之后再考虑其他。

如果感觉良好,那就对了。我一直都是这样做事的。我总是相信自己的直觉——如果连自己都不能信任,我还能信任谁呢?

你可能把事情想得太复杂了。如果某件事是好的,就不要过分质疑它。如果它没坏,就不要去修理它。有些事情我就是不去多想,因为想太多会毁了事情本身。无拘无束就对了。

一旦你开始寻找一个机械的答案,你就只会得到一个机械的结果。

我是一个自由不羁的灵魂。我喜欢一切都是自由的。

相信自己,勇于冒险。我从未在任何方面做过太多妥协,这样的行事作风至今也没有给我带来伤害,所以我认为我做的是对的。言论自由,以及真实地表达自己是最重要的,因为如果你不这样做,你就会被束缚住。

← 在突尼斯,20世纪70年代

大胆行事 享受乐趣

我一直凭直觉做事走到了今天。我做梦也没想到,即使是在最狂野的梦里也没想到,我会过上现在这样的生活。

但我就是

做到了。

大胆行事 享受乐趣

朋友和摄影师的话

布鲁斯·韦伯
Bruce Weber

艾瑞丝从一个秘密花园里挑选了一些不同的绿色，将其混合后创造出了新的颜色。我不能告诉你她是怎么做的，也不能告诉你她做了什么，但是当她把这些颜色穿上身时，她就像绽放的花儿一样。

4

在舒适圈外

找到
新的天地

关于勇气

自信是一件美好的事情。很多事我都不怕。我害怕的通常是那些我无法控制的东西,比如蛇、闪电这些。但我从未真正让恐惧妨碍我。一生中,我总是尽量抓住每一个出现的机会。自从我8岁生日那天摆出了"濒死天鹅"的芭蕾舞姿势——穿着祖母为了做清洁而买的一块粗麻布制成的蓬松连衣裙,让一个困惑的摄影师拍照(这让我时髦的母亲感到绝望),我就一直试图按自己的方式做事,不怕被评判。要不是这样,你会错过所有的乐趣。这并不容易,但它能给你力量。

为阿拉伯版《时尚芭莎》拍摄
理查德·菲布斯
2021

但是,无论是掌握一项新技能,从事一份新工作,还是开始一段激动人心的新冒险,都需要自信。

很多人说我激励了他们,给了他们勇气去做他们以前从未做过的事情。也许大家给我这么高的评价是因为我还活着吧。

万事皆有原因。

凡事皆须精益求精。

或者是因为我说真话,毕竟把真实想法告诉别人这样的做法很不寻常。又或者是,通过我,他们可以看到他们30岁以后的生活,这让我很高兴!但是当其他女同胞告诉我,我激励了她们创业或改变了职业方向去做她们曾经害怕的事情时,我想摇醒她们跟她们说:"不要等别人给你勇气,你可以随心所欲地做任何事!"

人天生就具有自信的能力。我父亲就不在乎外界的认可,他有着坚定的信念和勇气。这并不容易,但也是可以培养的。表达自我挺伤神的,因为你需要非常深入地审视自己。这样你会发现你是谁,以及如何提升自己。

> 我们都有过糟糕的日子,就是感觉事情不对劲的时候。事情不对劲了,当然会让人非常不舒服。要学会适应这种感觉。

风格是一个很好的例子。对我来说,风格意味着原创性,也意味着勇气。

风格不会自己出现,它的形成需要在前期投入大量辛苦的工作。首先,你必须了解自己。你必须先知道自己是谁,然后再去努力。风格是一种态度,但你必须具备个性才能表现出态度。你得知道自己是谁并能坚持下去。一开始会很难,但付出是有回报的。有原创性和不愿泯然于众人的想法是值得庆祝的事情。

你必须研究自己,了解自己是谁,喜欢什么,不喜欢什么,对什么感到舒服,感觉如何,人们对你的反应如何,以及这对你有多大影响。我从未试图合群。

如果你凡事都想要取悦所有人,那你最终将一事无成。

这就像生活中的其他事情一样,是一种平衡,需要努力学习。没有什么事情是自然而然发生的。

你要努力去与人相处,成为其中的一分子。如果你不能融入其中,这对你的工作就是种妨碍。当你取得别人的信任,你在做一些特立独行的事的时候,接受度会更高。大家接受你的创意并喜欢它和大家认为你不一样且不喜欢——这两者是有区别的。

做别人没做过的事情需要很多力量的支撑,投入很多精力。努力做好事情与不去理会心里的恐惧,这两种事都很累人。随波逐流要容易得多——这是大多数人的做法。但是,这不好玩。

在舒适圈外找到新的天地

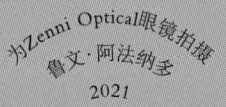
为Zenni Optical眼镜拍摄
鲁文·阿法纳多
2021

不敢去尝试才是失败。

在舒适圈外找到新的天地

说到我的祖母和祖父以及他们的经历,其实他们当时别无选择,只能勇敢面对。他们结婚时分别是15岁和16岁。在俄罗斯举行了一场传统的婚礼后不久,我祖父收到了一份文件,说他必须去参军。但他不愿意,唯一的出路就是逃跑,于是他决定这么做。他去了美国。

← 我的祖父母:勇气

他和祖母刚结婚，祖母就有了身孕，但他必须离开。祖父走的时候告诉祖母，他到美国一赚到钱，就会给她寄一张船票。你能想象吗？一个十几岁的女孩处于这样的状况。我的意思是，普通的女孩会紧张得要命。祖母还不那么了解祖父。他会寄船票来吗？祖父是个很讲信义的人。但我不知道没有跟祖父一起去的祖母是怎么活下来的。

在一个晚上的聚会中，一位骑马的男人带来了一封信。这封信是祖父寄来的。他赚到了钱还存了些钱，是时候让祖母去和他团聚了。哇哦。祖母从未离开过这个州，只会说俄语，但她必须带着一个4个月大的婴儿（我的母亲）长途跋涉去往异国他乡。他们先到了德国，在汉堡等船来。不幸的是，船晚到了，所以她不得不提前用了一部分祖父给她的钱。

你能想象这样的远行吗？而且是在19世纪。一个人都不认识，一句当地的话也不会说。祖母是一个了不起的女人。

← 我的祖父：一位缝纫大师

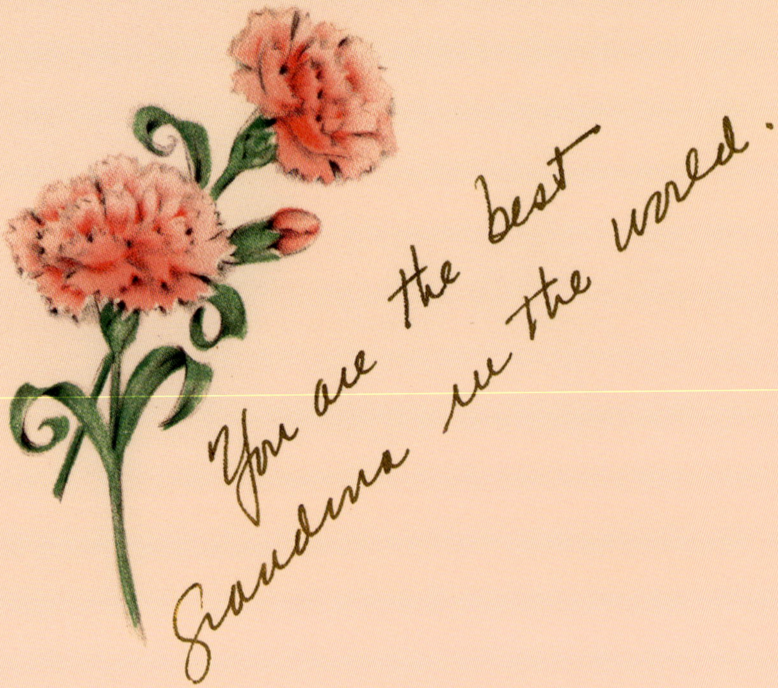

You are the best Grandma in the world.

做自己的偶像

最后，船终于来了。他们上了船，但这是一趟非常艰难的航行。每个人都生病了，而且花了很长时间才到达目的地。我可以理解为什么多年后祖母还是不愿意坐船。

我的祖父母团聚了，在纽约市的一所公寓里安顿下来。祖母开始制作、缝纫和打扫——她充分调动起了家庭主妇的基因（我和母亲却一样都没继承到）。我的祖父是一位技艺高超的裁缝。他的缝纫手艺精湛，做的衣服堪称那个年代的高端定制。他很有风格，工作也非常努力。他努力工作赚钱，为全家人买船票，并派人去把他们接了过来。

但在这个过程中他病了。医生对他说："你会长寿的，但如果你想安享晚年，最好离开城市，远离这种生活的喧嚣，去乡村隐居，寻找新鲜空气。"当时的乡村是皇后区，所以他们就搬家了。

那时没有桥,所以他们不得不找了位船夫,收拾好行李,乘船前往皇后区海岸。

这是一次相当艰难的旅行。他们最后在长岛市登陆,成为当地很早的一批定居者。他们在一个小农场里安了家,有一只山羊,还有一头牛的部分所有权。在祖母的监督下,家里遵照着犹太教的饮食规定。但长岛市没有商店,更不用说符合教规的商店了,所以他们每周都有一天得凌晨4点起床,走到火车站去乘车。那是一趟单程火车,非常原始。下火车后他们必须再走到河边,等待渡船。然后登上渡船,穿过东河,乘坐马车前往下东区,花一整天的时间购买好生活用品,最后在深夜返回。直到1910年,通往曼哈顿的大桥才建成。所以在此之前,他们要在午夜或接近午夜的时候带着一周所需的所有东西回来。

尽管我是一个土生土长的纽约人(自从我和卡尔♡结婚后,我就一直住在城市里),但我是在阿斯托利亚长大的,那是东河岸边的长岛的一个居民区,我们和母亲的家人一起住在一个类似现在大院的地方。从那里我们可以看到曼哈顿的明亮灯光。

↓ 和祖父合影

很多年里,我一直是祖父母和外祖父母家庭中的第一个孙辈孩子。小时候我会跟家人去布鲁克林看望我的祖父母,参加家庭聚会。刚开始的15分钟里,所有的阿姨和叔叔都会来捏我的脸,和我说话,表示他们很爱我。然后他们会走开,去喝酒、打牌。我那时大概5岁,需要找点儿事情做。祖母就牵着我的手走到后走廊,那里有两个大衣柜,里面装满了看起来像打结的枕套一类的东西。她打开其中两个枕套,把各式各样、各种形状和大小的布料倒在地上。我瞪大眼睛看着她。她说:

"看看吧,这些碎布可以给你玩——想怎么玩就怎么玩。"

这些碎布是她为了慈善缝纫活动而收集的——她是一个非常善良的女人,为不幸的人做了很多事情,她的4个女儿也参与了缝纫活动。她帮助建立了一家医院和一所养老院……挺了不起的。她有时会让我选一些碎布留着。我那个时候已经迷上了各种布料、颜色和图案,所以整个晚上都在玩这些碎布,用各种方式排列它们。对我来说,把颜色放在一起真是太兴奋了。时间过得飞快,我根本不想回家。那是我第一次体验创造的感觉,是祖母给了我这样的体验。我玩得停不下来。这种活动无疑锻炼了我的眼力。

它让我对布料产生了非常浓厚的兴趣,并为我打开了纺织世界的大门——尽管我当时并不知道。后来,当我想开一家布料店时,我就勇往直前地想尽办法去开店了。我从未想过因为我是女人就不能做某件事。如果我对创办旧世界纺织工坊顾虑太多,可能就不会去追求这个梦想了。

坚持自己的信念意味着不要顾虑别人怎么想。你为什么要按照别人对你的看法生活呢？但我有两个例外，那就是我的母亲和丈夫。如果他们真的不喜欢我穿某件衣服，我就会换掉。但一般来说，我不太在意别人的意见。我不想冒犯任何人，但如果别人不喜欢我穿的东西，我觉得那是他们的事。

人们总是太费心于被人喜欢了。他们将其当作人生道路上唯一的正途。你应该努力让自己变好，而不是努力去讨人喜欢。

如果你忠于自己，那么很多事情就会自然而然发生。在意大利的时候，幽默帮过我一个大忙。我和卡尔♡第一次去那里的纺织厂时，因为负责人不会说英语，而我们一句意大利语也不会说，所以雇了一位翻译。这位翻译是一个很风趣的家伙，戴着非常小的眼镜。他的上衣口袋里装着一根黄瓜，每次他以为我们转过身去了，就会咬一口。（我讨厌黄瓜——也许有人告诉过他别当着我们的面吃黄瓜！）

谁知道那到底是怎么回事呢！不管怎么说吧，他总是舔了舔手指去翻字典，但我们需要的词并不在那里，那里面没有纺织的专业术语。但后来的事实证明，我们没翻译也能应付得来，因为我们的想法和工厂主一样，我们都懂纺织。但我们双方都必须在沟通时全神贯注。

在舒适圈外找到新的天地

这些年,我一直通过认真倾听来学习外语。我没有时间再回学校学习,所以我就读儿童读物,并试着把单词和动作对应起来。在交流时,我必须保持一点幽默感,再通过肢体语言和表情来帮助人们理解我的意思。每当有人问我是否会说意大利语时,我会说:"会,我胆子大,以及不会用动词。"慢慢地,我的词汇量越来越大,但完全不懂语法,而且我只能用现在时态说话。可学外语关键不在于说得好,而是要努力去说。

我经常说,如果你想做成一件事,那首先得干点什么。这会让你信念倍增。比如说,我曾想做一个需要牛仔裤来搭配的服装造型,花了整整6周的时间。

这个构想最终实现了,但在整个过程中我遇到的事情都极具挑战性。

女性在那个时候是不穿牛仔裤的。她们也买不到牛仔裤。在20世纪30年代末和40年代初,牛仔裤还不是时尚选项。记得我在威斯康星州上大学时,去一家海军商店买牛仔裤,接待我的店员听到我的购买意图时显露出了困惑和惊慌。我因为有块大的格子头巾和大耳环,觉得它们就应该搭配干净的衬衫和工装牛仔裤。当时的我就像咬着骨头不松口的狗,坚持要买。当我想要某样东西时,经常这样。

店员说:"你不知道吗,年轻女士不穿牛仔裤。你怎么了?"我说:"我想要一条,我需要一条。"他们不仅没有给我量尺寸,还差点儿把我赶出去。我一次又一次地去,每周都去,态度坚决。最后,店员打电话给我说他通过邮购订了一条男童牛仔裤。他可能只是想摆脱我。我不奇怪他烦我,也可能他是同情我。不管怎样,这条牛仔裤很适合我,而且这套衣服和我想象的一样漂亮,我太高兴了。

我现在仍然爱穿男士牛仔裤,因为它们更适合我,并变成了我的标志。如果我在刚开始时被人们的反应吓退,那这一切都不会发生了。

我知道这只是个关于牛仔裤的故事,但我认为很多事的道理是一样的。

↑ **我超爱头巾!**

尤其是把它和牛仔裤搭配在一起。

在舒适圈外找到新的天地

有的时候，
你必须有所行动，
哪怕只是往前
进一小步。

我一直秉承这条生活哲学行事,从来没错过。

朋友和设计师的话

亚力克西斯·比塔（Alexis Bittar）

艾瑞丝用色彩奏出了一曲交响乐。她毫不费力地勇敢过着自己的生活，是给整个行业带来巨变的颠覆者。在穿衣风格上，她通过穿自己想穿的衣服，搭配各种颜色、款式和图案，来打破年龄歧视。她的一举一动都是在反抗人们对年龄的刻板印象。她展现的是令人震惊的粉红色、鲜艳的红色、耀眼的黄色。她是一首交响乐、一面色彩鲜艳的旗帜。

5

你的
人生旅程
只有一次，

关于长寿

随着年龄的增长,你担心的事情会变得不一样。当我许下很多承诺时,有时确实会担心是否能按时完成。考虑到健康问题是很自然的事情。但我愿意忘记那些不愉快的悲伤。我有一些遗憾,但不会纠结于它们,因为那样做毫无意义。我工作很努力,很尽力。我并不是把每件事都做对了,我也不认为我什么都懂。如果犯了错误,我会尽力改正,然后继续前行。

我活在当下。如果你把每件事都当作天大的事来对待,那最终肯定会崩溃的。

为KATE SPADE拍摄
艾玛·萨默顿
2021

你不能活在过去,因为过去已经过去了,无法挽回。让它结束,去迎接下一个错误吧。我就是这样的人。

这样说的话,我喜欢沙龙歌曲这件事就很有趣了。因为那些悲伤的、无望的爱情歌曲,让我觉得它们很美妙,尤其是辛纳特拉(Sinatra)的,还有所有版本的《华丽生活》[这首歌是由一位名叫比利·斯特雷霍恩(Billy Strayhorn)的年轻钢琴家为艾灵顿公爵创作的]我都喜欢。但这也是我沉溺于悲伤的极限了!

我的婚姻生活幸福地持续了68年。卡尔♡去世时，我整个人都崩溃了。我现在仍然疯狂地想念他。起初我以为自己无法承受，但后来我意识到他不会希望我整天这么坐着，就决定不再待在家里哭泣。

卡尔♡一直在激励我。他这一辈子都在激励我，就像个苛刻的经纪人。每当机会来临时，我说"算了吧"，他就会说：

"你一定要试试。"

所以，我又站了起来，而且比以前任何时候都要努力。

你的人生旅程只有一次，享受它

变老了?
我不为这个
事烦恼,
那会让生活
失掉很多乐趣。

我为自己能够活这么久而感到骄傲——但说真的,

这只是在我想到自己的年龄时,一闪而过的念头。

我准备好了迎接未来。也许这就是关键所在。我不会太担心,因为年龄只是一个数字。仅仅一个数字达到了并不代表你就得停下来,这还是取决于你看待事物的方式。我认识一些看起来很老的三十几岁的人和一些看起来很年轻的90岁的人。我只是做我想做的事,希望我每天早上能起床并四处走动。正如我喜欢说的:"我站起来了!"这总是一件好事。健康是最重要的,因为没有健康,你什么也做不了。

变老需要极大的勇气,不适合怯懦的人,这是真的。但人终究会变老。我觉得我很幸运,能在这里见证这一切。你应该为每年的到来而感恩。你可能会开始崩溃,但你必须打起精神来,继续前进。借用一位老朋友的话:"如果你有两样东西,那么很可能在你早上起床时,其中一样会让你感到疼痛。"我做过两次髋关节手术。

别误会。我也喜欢躺着,但起床还是必须的。变老是生命中一个无法改变的现实,当你的大脑忙碌起来时,身体就不会那么疼了。

> 你不能让生活停滞,只是自顾自地蜷缩成一团。

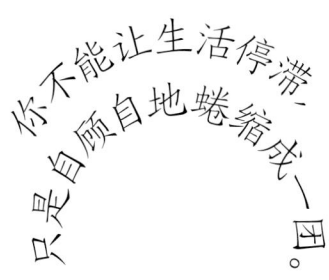

为Zenni Optical眼镜拍摄
鲁文·阿法纳多
2021

我必须时不时地休息一下,但我也是一个能同时处理很多事情的高手。忙碌是非常重要的。我亲眼见过很多人的退休生活就是睁眼,只发现自己的生活是多么空虚。这并不好笑,人很多人跟我说我应该多休息,但我觉得我没有时间可以浪费。

对你所做的事情充满热情是非常重要的。我很幸运,在我人生的这个阶段,我还有机会做这么多不一样的事情:设计、做模特、演讲、教学、旅行。如果有人在我年轻的时候告诉我,我最终会走到这一步,我可能会笑出声来。

你的人生旅程只有一次,享受它

即使有机会送上门了,你也得稍微地推自己一把。

起床时鼓励一下自己,我就能更全身心地投入正在做的事情中,直到忙完,我才会想起其他的事情。回到家后,我会意识到疼痛,但这是值得的。你可能不喜欢变老,但还有别的选择吗?

你必须活在当下。
你已经到这儿了,
接受它,尽情享受吧。

你知道吗?变老的另一个绝妙好处是,你再也不用担心穿比基尼时看起来怎么样了(或者你的喜好是什么了)。对我来说,这至少值10个夏天。

抓住每一次机会庆祝。

我这一生参加过不少难忘的聚会,有些聚会尤其令人印象深刻。有一次,我和卡尔♡去佛罗伦萨的一家工厂参观一个家具项目,那时我正在做一系列木制家具。主人出来迎接我,问我近况如何。我说:"老了。"他问为什么。我说:"因为今天是我的生日。"他听后立刻拍手示意大家停下工作,说:"*Facciamo una festa!*"意思是"我们来庆祝一下吧!"厂子后面有一个杂货店,里面有一个小餐馆,可以俯瞰山谷,非常迷人。他给店里打电话,让他们为每个人准备午餐。这感觉真的很棒,如此即兴。

为什么不庆祝呢?

我不认为长寿有什么秘诀,但正如我之前所说,如果你想保持年轻,你必须有一个年轻的心态。

你得有能力看清各种愚蠢的小事,并意识到它们是多么愚蠢。疲惫的时候总是感觉很难坚持下去,但你必须坚持,这就像肌肉疲惫了一样。拥有好奇心、幽默感和求知欲绝对是我的灵丹妙药。它们让我能接纳新的人和事,随时准备好迎接另一场冒险。

～～～

我的祖父母和父母在喷气式飞机发明之前就周游世界了,所以我可以肯定这种人生态度已融入我的血液中。我经常想起我的祖父母和他们在蒸汽船上的艰难旅行,以及他们到达美国后,为了生活必需品在哈德逊河上的来回穿梭……他们从不回头,我也不会。展望未来一直是我人生的一部分。

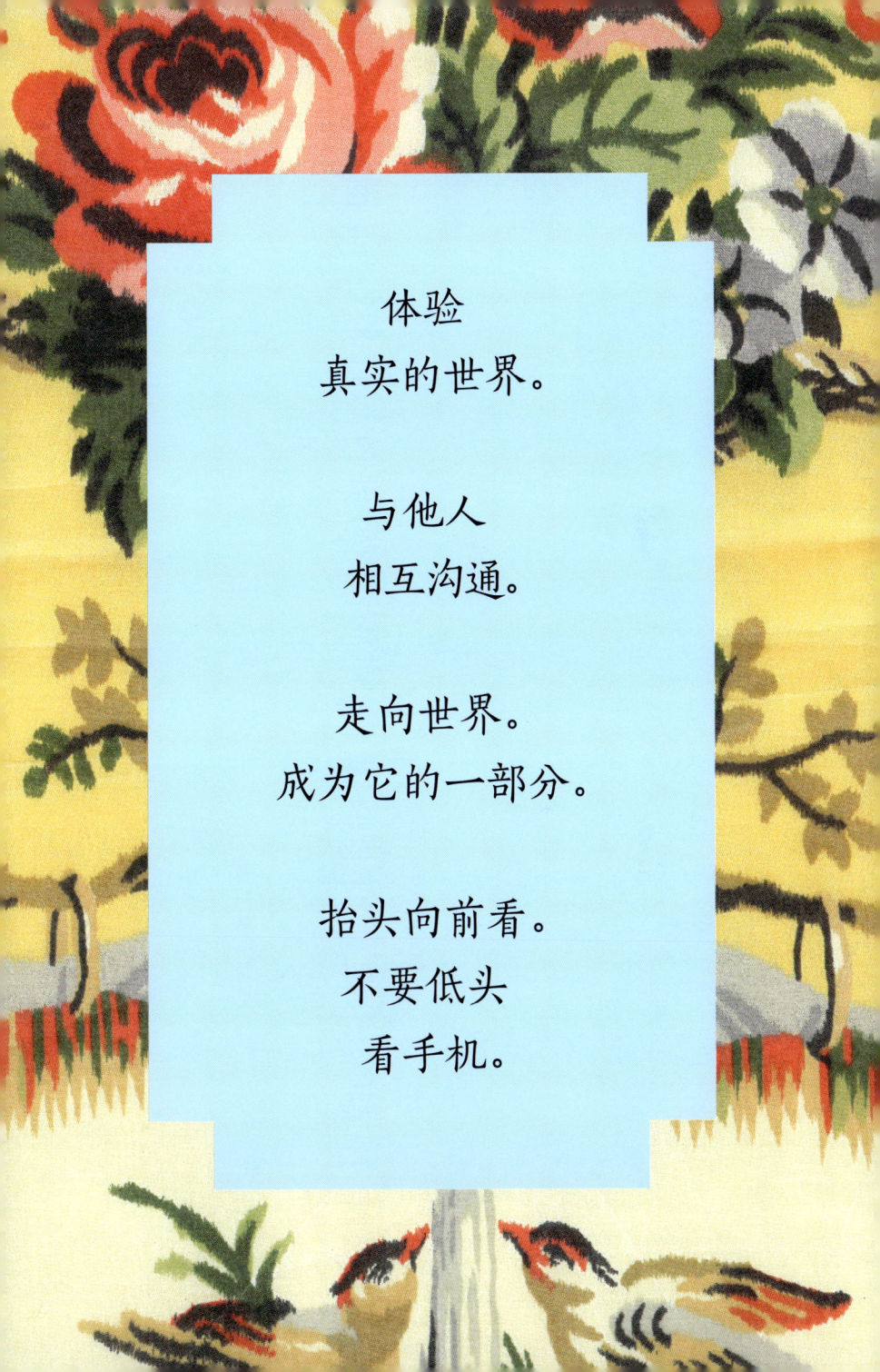

体验
真实的世界。

与他人
相互沟通。

走向世界。
成为它的一部分。

抬头向前看。
不要低头
看手机。

你在冒险时会得到的最坏结果就是失败。能活着就好。

归根结底,旅程本身才是最关键的。

我最初和父母一起去欧洲旅行,以及后来和卡尔♡一起出去,都是乘船,直到客轮不再运营。后来我们是坐飞机旅行,感觉有很大不同。我们乘坐意大利客轮航行,一提起这个,我就会想起走过跳板的感觉,那是快乐和兴奋的。我们觉得如果乘坐美国船只,直到在目的地下船,都会感觉自己在家里似的——有些人觉得这样就足够了,但我们是想立刻出门去闲逛的那种人。所以,选择了意大利的航班,从一开始你就如同置身于意大利了。

我们在水上度过了许多奇妙的时光。我们漂流到世界各地的港口城市,感受生活的喧嚣和未知的危险临近的刺激。想着那些还看不到的船只也会让我内心激荡,还有威尼斯那些总是湿漉漉的小街巷……

即使是现在,我仍然喜欢纽约、伦敦和巴黎这些充满活力的城市,但我也喜欢托斯卡纳、翁布里亚或棕榈滩那种远离尘嚣的宁静。无论在哪里,关键是去旅行,享受这一旅程。

你的人生旅程只有一次,享受它

我小时候就是个火车迷,现在仍是。
我想我注定是要在铁轨上度过一生的。

四处旅行,做探索之旅。无论我去哪里,出发的那一刻起就已得到一半的快乐了。

我现在仍然对交通工具有点儿着迷。我的棕榈滩公寓里有一个圣诞节铁路模型,它全年都在运转。我还有一条黑色牛仔裤,它让我想起了铁路工人。这些东西会自己浮现在我面前。

有一位艺术家,是个孩子,我们每年夏天去圣达菲时都会买他的雕像作品。我们第一次遇见他时,他大约14岁。他是纳瓦霍人,他妹妹常帮他给那些小雕像穿衣服。我每年都会买一两个。几年后,我把它们全部拿出来时,才意识到这个人和我一样对交通工具着迷。每一个小雕像都像是要去某个地方。也许这就是我一直回去的原因。

我的一生中有很多重要时刻与火车旅行有关,这太不可思议了。12岁时,我花了5分钱从阿斯托利亚乘地铁到曼哈顿的S. 克莱因百货公司,去寻找我的复活节礼服。随着年龄的增长和胆量的增加,我迷上了纽约市,因为在那里你可以花5分钱乘坐整条地铁线,所以我每周都会去不同的地区"探险"。每个星期四,我都会早早离开学校,在哈莱姆区、约克维尔区、唐人街和格林威治村闲逛。我爱上了格林尼治村,并在那里买了我的第一件配饰。我偷偷溜到芝加哥去看公爵和他的乐队。在棕榈滩下车时,我带回了7件旧行李和一个丈夫。

有时我会走错路,但即使在那个时候我也是幸运的。我发现罗曼百货公司的那次,是按照做室内设计师时的一位客户的指示下错了地铁站。当时正下着暴雨,我迷路了。但当我走进那个巨大的仙境时,我又找到了方向!我永远不会忘记看到那家商店橱窗的那一刻,橱窗里有一块蒂芙尼玻璃屏风,还有诺曼·诺雷尔设计的一套衣服。我知道我来对了。

你的人生旅程只有一次,享受它

我要说的是,去旅行吧。我这一生过得都很有趣,是因为我愿意冒险。你永远不知道在旅途中的每次停靠会发现什么。你也永远不知道它会把你带到哪里。

有一次,我跟着公爵和他的乐队去了芝加哥。我本来应该完事后坐火车回威斯康星州,但后来还是决定留在那里逛逛。我身上有4个星期的零用钱——我母亲因为忙于其他事情,经常会拖欠我的零花钱,但幸运的是,这次我有很多钱。我去了马歇尔·菲尔德百货公司给自己买了一对大号环形耳环和一顶土耳其帽。在去女帽店的路上,我注意到了一家书店。那里有几张大桌子,上面堆满了英美诗人的诗集。我的好奇心在此时占了上风。两个小时后,我所有的战利品都不见了,但我带着12本书上了火车。我想,把一些东西放进脑袋里比放在脑袋上要好。

我认为这其中有值得学习的道理。你有责任往脑袋里塞点儿东西。

做自己的偶像

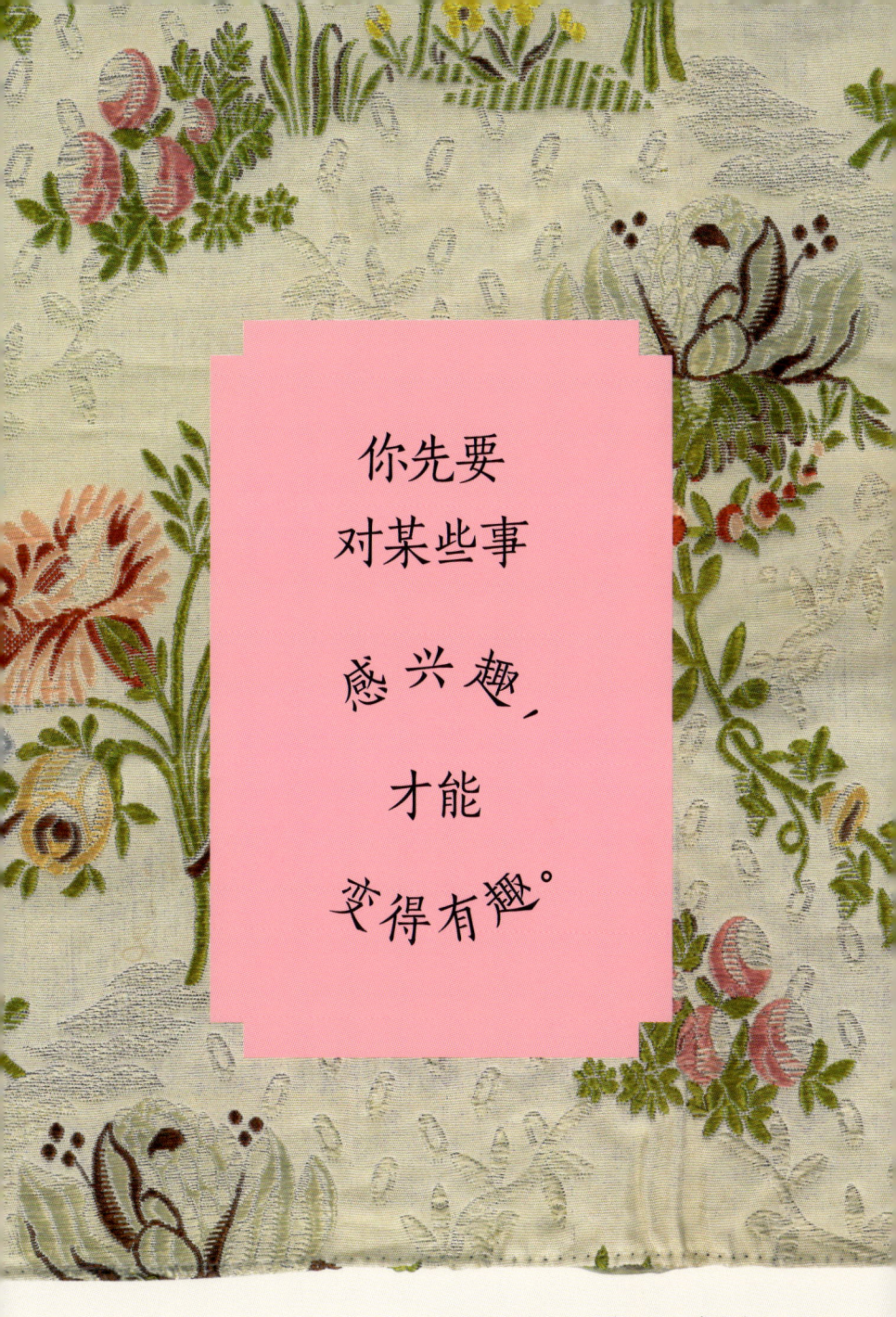

你先要
对某些事

感兴趣，

才能

变得有趣。

你的人生旅程只有一次，享受它

即使到现在,我仍然非常热爱时尚,但它只是我生活的一部分。有很多东西比时尚更重要,比如教育、慈善和做好自己的本职工作。想要磨炼自己的本事,学习是非常重要的。当你停止学习,一切都结束了。

人就因为这样才变老的。他们不再学习,因为他们认为自己什么都知道了。

有些年轻人也认为他们生来就知道一切。这种事时有发生。

运用你的想象力。你周围的世界是丰富多彩的,不要错过它。睁开眼睛,打开心扉去感受它。

也不要急于求成。这有点儿像网上购物——不试穿、不触摸布料就把衣服买了。不要偷懒。我的"一夜成名"用了70年。有时,这只是因为水到渠成。不要等着别人告诉你该怎么做,因为这会让每个人都变得雷同。你必须走出去,自己去发现,也去了解你自己。试着成为一个独立的个体,这样才能自己做决定。你必须努力工作,因为所有的事都需要深入探索。我在大都会艺术博物馆的展览开幕时,学时尚的学生们每天从早上开始就趴在地上临摹,观众们都挤不过去,这让我非常高兴。孩子们做得好。只有更深入地观察,才能多维度地理解。生活需要你去学习。

我疯狂地阅读。我从来不会一次只读一本书,总是同时读至少3本书。而且我也不喜欢只读一种类型的书。我是一个多任务处理者,觉得同时处理几件事要有趣得多。我读的书,有一些能让自己平静下来,而另一些书则是为了寻找刺激。但我试图从几乎每本书中学到一些东西。我喜欢看书,经常会把书拿在手上,抚摸它们,看看图片,再把它们放回去。书籍就像聚宝盆,里面装满了宝藏。每本书都能让人学到一些东西。无论何时开始读书都不晚。

我父亲是个百事通，什么事都知道一点儿。他是个知识分子，但也很懂人情世故，这一点很难得。他经常阅读莎士比亚和哲学家的作品。但他也是个矛盾体，比如说他很喜欢赌博。有一次他告诉我，不要在生活中对任何人抱有任何期望，这样我就不会失望，这是一个非常好的建议。我必须走自己的路。

我母亲上过法学院，这在当时非常不寻常，我之前也说过。她极具商业头脑，甚至在她生命的最后几年里，还是拒绝使用计算器，以免损害她的头脑。我小时候住在一个由祖母当家的家庭里，母亲从不做家务。她不像我的姨妈们那样会缝纫、做饭或烘焙，但她知道如何赚钱。她每天工作很长时间，几乎没有时间陪我。

虽然我当时觉得很难，但现在明白了，这使我成为了一个自力更生的人，以及一个世界级的购物者。我明白，如果想要衣服，我就得自己去寻找。我是一个实用主义者。我母亲每天都和她的股票经纪人交谈，直到她去世，离她百岁生日只差三周。她始终掌控一切，充满好奇心。

我还有很多事情要做，也有很多东西可以给予。我可以把我获得的经验运用到工作中，给其他人一些回馈。我发现工作对我来说非常有益。

我从未想过退休。我喜欢工作。我认为努力工作是治疗我的良药，是我的救赎。

与那些有趣的、有创造力的人（和年轻人在一起对我很有帮助）接触，我的创造力简直源源不绝，我真的过得很好。对我来说，有工作非常重要，尤其是在我丈夫去世以后。如果没有工作，我想我会发疯的。工作令人振奋。

我全身心地投入工作中，让工作滋养着我。我逼迫自己忙个不停，直到再也坚持不下去，然后再回来继续。但我不使用电脑，也不发电子邮件。从技术上讲，我还生活在17世纪末，这让我感到很舒心。我觉得现代科技并不友好，我更喜欢蜡烛和鹅毛笔。

当别人问我要电子邮箱地址的时候,我就说:"亲爱的,用鸽子送信吧。"有时候,人们会想尽各种办法来找我——那些找到我的人,我知道他们一定是真的很着急。这种无从下手的找人过程可能会让他们有点儿生气,但这就是生活。

专注于培养
你的内心世界。

我是个对私密性要求很高的人。隐私是很宝贵的。能够讲好一个故事的人，或者幽默感十足、充满活力的人，会给人留下深刻的印象，但他们到底是谁，我不在乎。我也并不寻求认可。如果你开始从外部寻找认同感，这个状态可不好。

人们来找我，是因为他们对做一些有创造力、有趣的事情感兴趣，喜欢和我一起工作。这样当然很好，但我并没有刻意追求这些。我慢慢习惯了受到关注，但我尝试着将这种关注引导到积极的事情上。人们会在网络平台上发布他们所画的我的照片和素描，这种事让我受宠若惊——我甚至知道有一个女孩在她的手腕上文了有关我的文身，文身上我的肖像画得非常精彩！我希望那是因为我以某种有意义的方式激励了他们。我们来到这世上，是为了做点儿什么。丢掉成为名人的想法吧。如果你能成为一个积极的榜样，那就足够了。

我有机会与许多才华横溢的创意人士合作。但更重要的是，我可以帮助他人，这让我感到非常满足，无论是通过慈善事业，还是通过制作的那些可爱的、鼓舞人心的、令人愉悦的东西。帮助他人振作对我来说非常重要。给时尚领域的年轻学生做指导并看着他们成长是一件非常美好的事情。

我喜欢回馈社会。如果生活善待了你，你就必须给予回报。

如果你能帮助别人过上更好的生活，那真是太好了。因为你的人生只有一次。

如果你感觉快乐，找到了爱情，身边都是好人，做着自己喜欢的事情，并能回馈他人，那你就是成功的。

当你得到了一件好东西，你要明白发生了什么。我的哲学是，天下没有免费的午餐。能意识到这一点，我觉得自己长大了。每件事都有代价。代价不一定是金钱，也可能是时间、经验或爱情，但人不可能不劳而获。

我从来不提前做计划。事情如果发生了,那就顺其自然。你必须保持开放的心态。

这样确实会错过很多事情,但是你不可能每件事都做。

你也不可能什么都拥有。如果你觉得自己可以,那就是在自寻烦恼。这是不可能的。我很久以前就明白了这一点。

有时候你必须做出选择。人们会变得紧张不安,往往就是因为他们认为自己能够也应该什么都做。这种想法真令人遗憾。

我母亲是纽约大学的毕业生,她怀上我的时候正在法学院读书。她因此不得不中断学业。那个年代只能这样。她放弃了自己10年的时光来抚养我。当她回去工作时,我非常难过,我以为她抛弃了我。那时我还太小,不明白那是大萧条时期,她不得不这么做。我当时感觉糟透了。

很久以后我才意识到,她比她的时代超前了几十年。

当时绝大多数女性
不会外出工作。
我母亲很勇敢。

她做出了选择，并承担了这些选择的后果。

你的人生旅程只有一次，享受它

→ **走进生活、工作和未来的我**

一切都在等待。

她是一位非常出色的女商人。我很久之后才意识到这点（尽管有点儿晚）——虽然我们表面上存在差异，但这么多年来，我亲爱的母亲，她一直是我的榜样。她最终成为我最亲密、最亲爱的朋友。

我想要自己的事业，想要去旅行，想要努力工作。我不希望我的孩子（如果有）只能由保姆来抚养，当时我经常去旅行，这对我来说是一种选择。我不喜欢被束缚，也不喜欢必须按照某种方式去做事。我要按自己的方式生活，不想被限制。我不可能拥有一切。所以，你必须有所取舍，有时甚至必须放弃自己。生活充满了选择。从没有人说所有的选择都很容易。

但你如果能选择，

那你还是幸运的。

你的人生旅程只有一次,享受它

6 世间的美多种多样

关于欣赏

我始终在追求美好的事物,我永远不会停止这种寻找或收集。但这种对美的追求从来都不是关于个人美貌方面的,至少从我4岁渴望拥有我永远也不会有的金色卷发时开始就不是了。

很多年前,罗曼夫人告诉过我,我虽然不漂亮,但有个人风格,这更好。我想我当时并没有完全理解她的意思。但随着时间的推移,我意识到她是对的。

> 我的经验是,培养自己的时尚感会让你更自信,但是在美貌和漂亮上有执念会拖累你。

为阿拉伯版《时尚芭莎》拍摄
理查德·菲布斯
2021

别误会我的意思——如果你拥有美貌,那当然是好事。我不是说你不应该努力让自己漂亮。稍微努力一下是好的,人应该花点儿时间在自己身上。比如我当然知道有些东西比其他东西穿在我身上更有吸引力,我的头发做哪种发型会看起来更好。成为一个魅力四射的人很有意思。我喜欢颜色鲜艳的唇膏!我们也都做过一些化妆和修饰的工作。但就像我之前说的,没有任何事物是孤立存在的,时尚和美貌当然也是相互关联的。

花精力去做的事情得有趣才好。我通常是用非常简单的东西来保养皮肤的。在外面做完面部护理后，我会带着昂贵的护肤品回家，之后却从来不用。因为我没时间。

年轻时，我涂着和现在一样鲜艳的唇膏，也会化很重的眼妆。后来，我和西雅特·伦敦（Ciaté London）合作设计自己的化妆品系列，就像是一场疯狂又迷幻的梦。我在玩弄色彩的过程中玩得很开心……

我一直都用眼影加鲜艳的唇膏这套方法来装扮自己。

我不太擅长化妆，但涂唇膏是很容易的。亮色很适合我的个性。

大约在我18岁那年的夏天，我朋友的姐姐，一位非常迷人的时尚模特，教了我一些化妆的方法。她有一管黑色胡须蜡。她先划了根火柴，在勺子里熔化了一些蜡，然后将其迅速涂在我的睫毛上，看起来就像是涂了一

层非常厚重的睫毛膏。由于我的睫毛很长,所以效果非常引人注目,有点儿像猪小姐(Miss Piggy)。当时,我们认为这是非常邪魅、非常性感的。

如果没有自我表达的元素,
单纯为了美而美,
是不值一提的。

要因为其他原因而令人难忘!我上学时认识的那些拥有完美发型的女孩,那些舞会皇后,她们总是花太多时间和精力在"好看"上。在年龄增长、美貌褪去后,她们没有了其他依傍,会变得越来越令人失望,看起来也会越来越沮丧。因为她们忘记了在其他方面成长。

如果你跟我一样,就会明白,吸引力是需要培养的。你必须培养其他方面的能力才能达到你想要的目标。所以,你必须坚持学习和工作,这样你才会变得更有趣。当你年纪渐长,这种做法会让你受益匪浅。

美不只

会落在

旁人的眼中，

它更会存在于

你的头脑中。

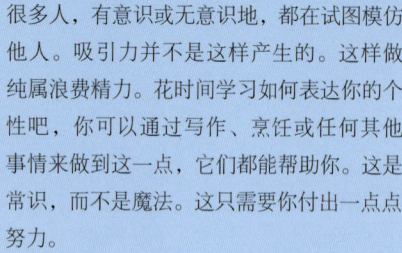

很多人,有意识或无意识地,都在试图模仿他人。吸引力并不是这样产生的。这样做纯属浪费精力。花时间学习如何表达你的个性吧,你可以通过写作、烹饪或任何其他事情来做到这一点,它们都能帮助你。这是常识,而不是魔法。这只需要你付出一点点努力。

每一种文化对美的追求方式是不同的,而且美的标准——什么是美——也随着时间的推移在改变。美不是单一的。你仔细想想,是不是还有原始美、人造美、甜美、老式的美和性感美。有时我们回顾过去,可能无法理解当时对美的理解。这其实是视角的差异。

归根结底,还是自信的问题。如果你对自己的外表感到不自在,就会表现出来。

做自己的偶像

关于恬静，有很多种说法。
我认为它是最美好的
气质之一。

世间的美多种多样

你自己的想法是最关键的。你的心里怎么想,你的外表也会相应地展现出来。我想这就是我从不追求整形手术的原因。如果你不幸遭遇意外或某种创伤(当我没说!),整形手术无疑是一项了不起的发明。但如果用它来修整容貌,让自己看起来更年轻……我无法理解。

有时卡尔♡和我外出时,他会在环顾四周后,对我说:

"宝贝,你是这里唯一一个拥有自己的脸的人。"

对我来说,皱纹是勇敢的徽章,它们什么错也没有。

我最大的成就可以说就是我能够活这么久!既然有幸活了这么多年,为什么要试图隐藏岁月的痕迹呢?如果你活得比别人久,那可太棒了!去庆祝吧。

你在70岁时即使做了面部拉皮手术,也没人会以为你只有30岁。你骗不了任何人。让自己接受痛苦又昂贵的手术,而且手术效果到底怎样其实谁也说不准,这完全是一种冒险——因为你可能会比之前更糟。

以前我的头发总是被人指指点点!经常有人劝我说我应该把头发染成金色。幸运的是,卡尔♡喜欢灰发,所以我从未想过要染发。我几乎一直都是灰发。我以前是黑头发,但有一条宽宽的白条纹,有点儿像臭鼬。我母亲总是染发,她女儿有灰发让她觉得自己更老了,但我还是拒绝染发。我在浪凡买过一件外套和一顶俄罗斯草原风格的帽子。帽子和我的头发一样是灰白色的条纹——它很狂野,戴它出门能让纽约的交通都为之瘫痪。你看了可能都分不清这套衣服在哪里结束,我从哪里开始。后来,我的头发从黑白相间变成了灰色,最后变成了白色。

← 我和母亲,在一个有趣的餐馆吃饭

我要好好感谢楼上那个人。如果你活得足够长,医生对待你的态度就像对着一颗需要精心呵护的鸡蛋,但我只是做到了尽可能小心。我一直很健康。这也没有什么大不了的秘方。我的生活并不疯狂。因为总是要四处旅行,所以就必须保持某种规律的生活,我就习惯这样了。无论在世界的哪个角落,我每天都吃同样的早餐。

我承认我不是个好厨师,但我总是吃健康的食物。我特别喜欢吃一种比萨,而且我克制自己不吃垃圾食品。我不相信任何形式的潮流。最健康的饮食就是把自己从饭桌上推开。我不喝苏打水,有时会喝酒。我曾经是个烟瘾很大的人——一天抽4包烟!有一天,我突然把烟戒了。我定期锻炼。我认为努力工作让我能始终保持活力。而且现在我也喜欢待在家里。我非常自给自足,这在疫情期间很有帮助。几十年前,我在意大利经历了霍乱疫情,所以这不是我第一次经历,但那次疫情和这次的完全不同。

我在湖边有一套公寓,公寓有一个可爱的露台,一直延伸到水面上。我喜欢躺在露台的长椅上看向远方。能拥有这样一个露台,让我心存感激,因为它真的很美。我在露台上写了很多东西。而且我只要随便穿一件浴袍,不用打扮就能工作,这真令人愉快。

如果我没有能打扮得漂漂亮亮的理由,心情会很糟糕。但一直以来,我在家几乎不打扮,因为我在家的时间很少。在家打扮自己感觉是一种奢侈。不过,我从来不会拒绝一件柔软舒适的白色毛圈浴袍。

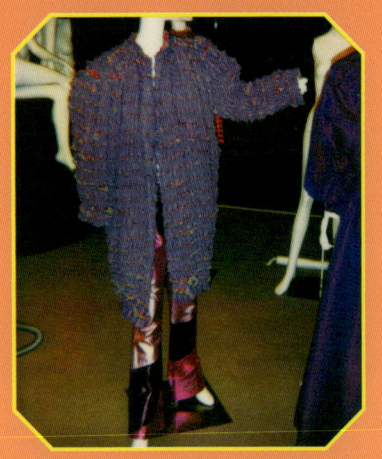

我所谓的收藏其实就是我的衣柜。里面的衣服有简单朴素的禅宗风格的,也有严肃庄重的,还有疯狂的巴洛克风格,以及让人觉着好笑的趣味风格。我买东西都是为了穿,而不是为了收藏。自从高中以来,我的身材就没变过,所以我的衣服收藏量很大。继纽约大都会艺术博物馆的服装学院展览之后,我的收藏还在其他几个地方巡回展出过。在马萨诸塞州塞勒姆的皮博迪·艾塞克斯博物馆的展览是我一生中最自豪的时刻。

那里的一位策展人首先想到把我的穿衣和配饰方法与爵士乐的即兴演奏相提并论。

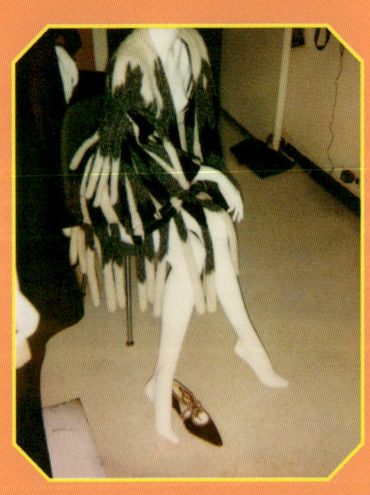

这对我来说非常有意义。皮博迪博物馆在我心中有着非常特殊的地位,他们自己的服装收藏展就十分精彩。后来我才发现我的展出恰好紧跟在他们的服装展之后。从那以后,他们每年都会来拜访我,我们一起决定他们能用来展出的衣服。要决定展出哪一件衣服可不是件容易的事情。

← 我的收藏在展出

图里的这些服饰都是我最喜欢的,它们在大都会艺术博物馆和皮博迪·艾塞克斯博物馆都展出过。

朋友和创作者的话

弗恩·马里斯
Fern Mallis

艾瑞丝就像是一道彩虹，
是超大号的绘儿乐（Crayola）蜡笔盒，
也是一本完整的潘通色卡书。
前一天，她还一身绿松石色装扮，
身上挂满了层层叠叠的珠宝；到了第二天，
她就从头到脚换上了醒目的粉红色，
随后又换上了明媚的黄色。
她总是穿着各种鲜艳的颜色。

与别人完全不同。

世间的美多种多样

我的衣服就是

有人问我最喜欢哪件衣服，对我来说，这个问题有点儿像"你最喜欢哪个孩子？"。它们对我来说都有着特殊的意义。某样东西负载了记忆后，要放弃它并不容易，有时我甚至会舍不得它们离开。

但是，随着年龄的增长，你会意识到所有这些东西都只是身外之物，把它们送出去可能会让别人的生活更加美好，能成为他们生活中的一部分故事，也是一个美好的想法。

我的人生故事。

为Zenni Optical眼镜拍摄
鲁文·阿法纳多
2021

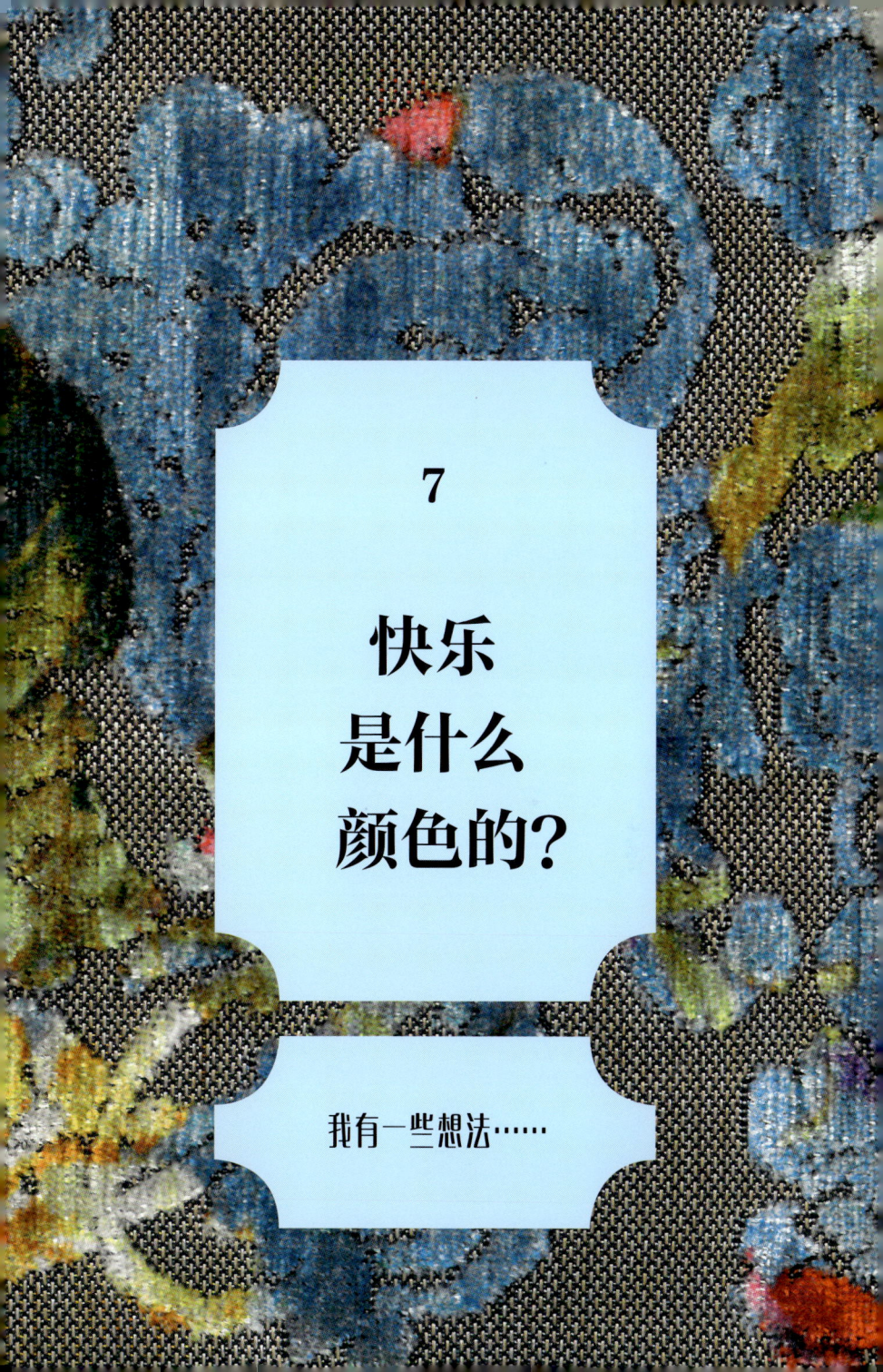

7

快乐是什么颜色的?

我有一些想法……

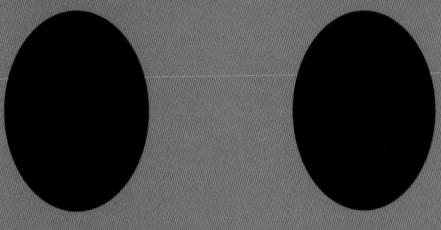

什么能给你带来快乐？

在
舒适圈外
找到
新的天地。

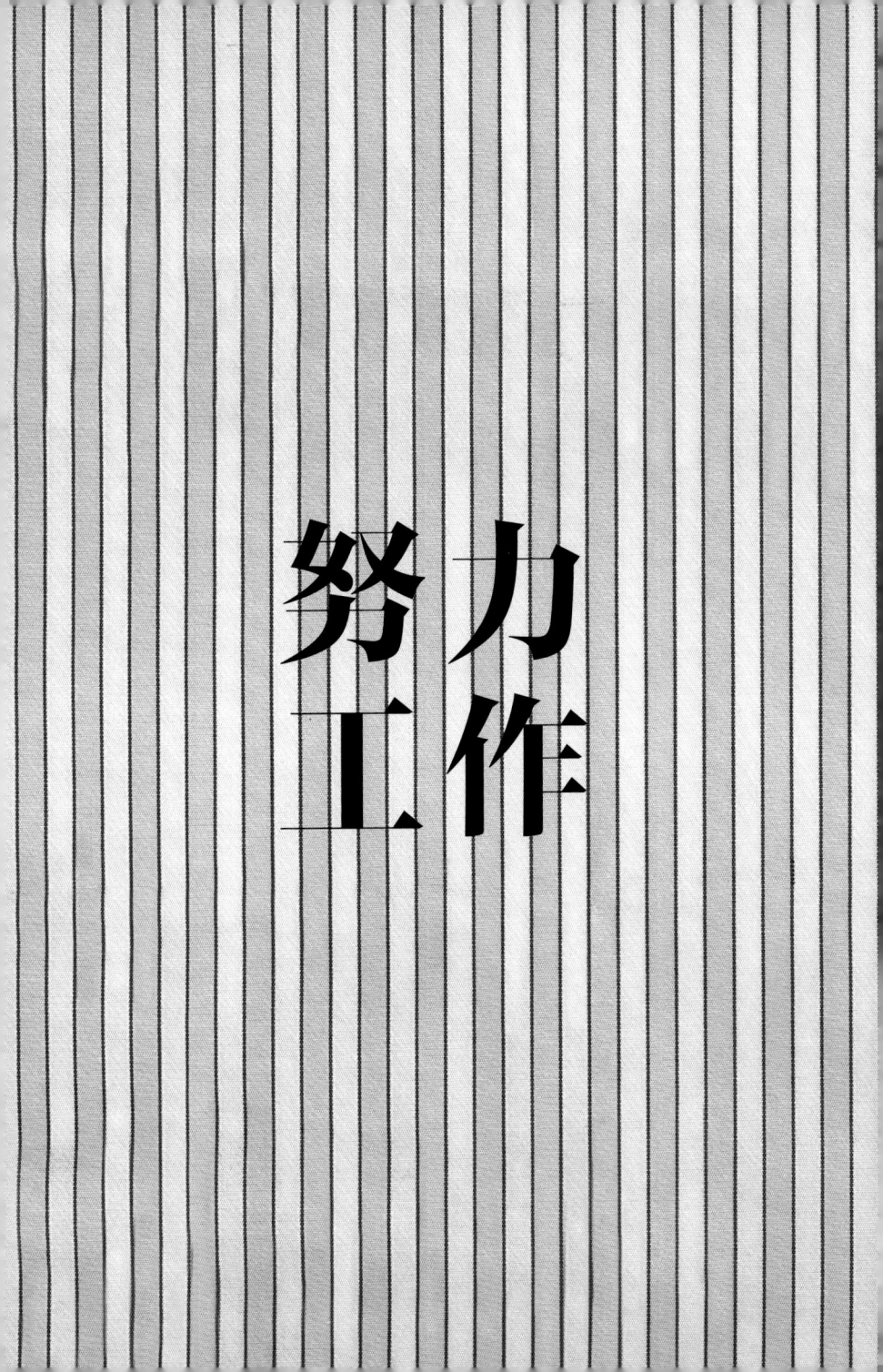

寻找
　所有
　事物的
　　美丽
　　之处。

享受这趟旅程。

对
智慧的探索
仍在
继续……

索引

斜体数字表示插图所在页码

A

阿尔伯特·梅索斯 144
阿姆斯特丹 122
阿瑟·恩格兰德 137-8
阿斯托利亚 200-1, 229
爱尔兰 122, 147
爱好 231-7, 250
埃莉诺·约翰逊 168
艾灵顿公爵
  173-4, 215, 229, 230
艾玛·萨默顿 *214*
艾瑞丝·艾普菲尔
  爱 64, 155
  大自然对我的影响
    42-52
  对布料的兴趣 203-5
  风格的起源 114
  父亲对我的影响
    34-6, 64
  工作 236
  和艾灵顿公爵 173-4
  化妆 247, 248-50
  婚礼礼服 96
  嫁给卡尔 96, 108,
    137-48, 151, 200,
    217, 229, 255, 256
  健康的生活方式 257
  旧世界纺织工坊
    28, 32, 40, *57*, 203
  勒罗曼夫人对我的影响
    55-7
  旅行 *20-1*, 23, 24,
    27, 28, *35*, 108,
    112, 113, 119-27,
    146, 204-5,
    227-30, 257
  帽子 113, *113*, 115
  米莉森特·罗杰斯对
    我的影响 59
  母亲对我的影响
    61-4, 242
  牛仔裤
    112, 206-7, 228
  色彩 80-129, 134
  室内设计
    64, 166-8, 177
  收藏 40, 68, 260-3
  淘货 63-70
  头发 256
  威斯康星大学 171-4
  眼镜 10, 18, 69,
    70-7, 268
  阅读 233
  Zenni眼镜
    18, 25, 76-7, 85,
    109, 187, 220, 265
  珠宝
    59, 67, *162-3*, 163
  祖父母
    63, 64, 141, *194*,
    195-202, 224, 235
  坐火车旅行 227-30
艾瑞丝的父亲塞缪尔·巴瑞尔
    36, 63, *86-7*
  对艾瑞丝的影响
    34-6, 64
  工作 64
  旅行 *35*, 64
  色彩 *86-7*, 87
  知识 234
  自信 189
艾瑞丝的母亲赛德·巴瑞尔
    36, *36*, 47, 60
  艾瑞丝的衣服 204
  艾瑞丝去芝加哥 174
  芭蕾 34
  斑马皮 50
  对艾瑞丝的影响
    61-4, 242
  教育和工作
    235, 240-2
  旅行 *35*
  色彩 84, *86-7*, 87
  头发 256
  小黑裙 99
艾瑞丝的祖父母
  63, 64, 141, *194*,
  195-202, 224, 235
安德烈亚斯·拉斯洛·康拉特 132
安东尼·高迪 122

B

巴黎 119, 227
巴黎圣旺跳蚤市场 41
巴黎时尚杂志
《时装L'Officiel》 *100*
巴洛克 36
巴塞罗那 122
白宫 40, *40*, 41
拜占庭帝国 37
斑马图案 50
邦维特·特勒 137, 138
榜样 238-9
宝石的颜色 93
包厘街 168
Barhep进出口公司 64
北非
  20, 23, 123, *124-5*
贝鲁特 124
本尼·古德曼 172
比利·斯特雷霍恩 215
变老 212-43, 275
表达的自由 179
柏林 122
布尔萨 120
布鲁克林 201
布鲁斯·韦伯 182

C

查尔达斯地毯 *51*
长岛市 200-1
长寿 212-43, 275
橙色 101
创造力 19, 168-9

278　　做自己的偶像

影响	16–79	和自我认知	61	华尔道夫·阿斯托利亚	旧世界纺织工坊 32
		展示你的心灵	23	酒店 138, *138*, 141	旅行 20–1, 23, 28,
		风格和价格	67	化妆 247, 248–50	108, 112, 113,
D		弗兰克·辛纳特拉	215	欢乐 153	119–27, 120,
打扮起来	119, 150	弗里达·卡罗	123	黄色 38, 101, 211	146, 204–5, 227
大胆	133–83, 271	佛罗伦萨	224	回馈 239	色彩 88–9, 89, 97
大都会艺术博物馆				活在当下 148, 215, 222	手表 163
	147, 233, 260				死亡 144, 217, 236
大自然	42–52	**G**			眼镜 77
达拉斯先生	66–7	格林威治村	66–7, 229	**J**	与艾瑞丝的婚姻
戴安娜·弗里兰	166	格斯	161	激情 221	96, 108, 137–48,
丹吉尔	125	个性	23, 153	即兴创作	151, 200,
地毯		色彩	12	168, 170–4, 176	217, 229, 255, 256
查尔达斯地毯	*51*	工作	61, 235–6, 273	家具 224	新墨西哥 59
蝴蝶图案地毯	*52*	过紧日子	64	杰里米·利布曼 *100*	卡普里 113, *113*, 123
斑马图案地毯	*50*	过去的事情		经历 14, 19	卡塞尔塔 123
迭戈·里维拉	122		148, 215, 222	旧世界纺织工坊 203	科米蛙 161
动物	47, 155			灵感 32, 41	克里斯托弗·斯塔曼
动物图案	36, *43*			丝绒牧师长袍 41	*117*, *118*, 167
都柏林	147	**H**		研究之旅 28, *57*	克里特岛 126
独创性	67	H&M	38, 110	纺织品设计 40–1	快乐的色彩 266–77
杜罗·奥罗武	24	哈利·温斯顿	163	爵士 39, 116, 155,	基西萨纳大酒店 113
多利亚–潘菲利宫	123	哈罗德·科达	147	172–4, 176, 260	
		海洋	47, 112	艾灵顿公爵	
		害怕别人的评判	186	173–4, 215, 229, 230	**L**
F		好奇心	224, 235		蜡笔 84
法国	*57*, 119	黑白搭配	99	**K**	拉尔夫·鲁奇 24
房子	166–8, 177	黑色	99	卡尔·艾普菲尔（小猫）	蓝色
粉色	96, 106, 113	亨利·马蒂斯	39	134	丹宁蓝 112
风格	56, 114	亨利·图卢兹–劳特雷克		艾瑞丝的收藏 68	绿松石色 101, 108–10
和美丽	247–8		55	艾瑞丝的衣服 41, 204	水鸭蓝色 112
和勇气	190	红色	101, 106–8	艾瑞丝看到布料的反应	Lanvin 106, 256
和设计	30–1	蝴蝶地毯	*52*	119	勒曼夫人
和成本	67	花朵	47		*54*, 55–7, 247

索引

勒曼百货公司	米莉森特·罗杰斯	Q	深绿蓝 112
54, 55-7, 56, 229	58, 59, 59, 108	青柠绿 101	圣达菲 228
雷·南斯 173	米莉森特·罗杰斯博物馆	庆贺 224	生活在当下
理查·埃夫登 129	59	趋势 153	148, 215, 222
理查德·菲布斯	摩洛哥 126	趣味 133-83	失败 226
10, 42, 80, 183			《时尚芭莎》 80, 183
灵感 16-79, 238-9, 269			《时尚芭莎》（阿拉伯版） 10, 192, 246
源于自然 42-52	N	R	
伦敦 28, 70, 122, 227	那不勒斯 123, 124	Ruggable家居 50	时尚是社会的镜子 153
鲁文·阿法纳多	内曼·马库斯百货公司		室内设计 166-8, 177
18, 128, 129	137		舒适区 184-211, 272
旅途 226	年轻人 236	S	爽健鞋 156-9, 158-9
旅行可以激发灵感 27-9	鸟 47, 155	色彩 80-129, 134	私密性 238
绿色 113, 182	牛仔裤 112, 206-7, 228	层叠 48	丝绒牧师长袍 41
祖母绿 101, 110	纽约城 227, 229	橙色 101	水鸭蓝 112
青柠绿 101	纽约大学 171	丹宁蓝 112	索尔·斯坦博格 155
绿松石色 101, 100-1	广告学院 144	祖母绿 101, 110	
	纽约服装学院 58	粉色 96, 106, 113	
	纽约广场饭店 137	黑色 99	T
M	诺曼·诺雷尔 153, 229	红色 101, 106-8	泰特美术馆 39
马丁·查姆比 129		黄色 38, 101, 211	汤米·希尔费格 80, 81
马歇尔·菲尔德百货公司		亮色 99, 248	恬静 253
230	O	亮色组合 101-5	跳蚤市场 41, 70, 147
曼·雷 106	欧文·佩恩 129	绿色	童心 135, 154
冒险 179, 226	欧洲 20-1, 23, 28,	101, 110, 113, 182	投资单品 96
帽子 113, 113, 115	67, 119, 227	绿松石色 101, 108-10	突尼斯 124
梅姆阿姨 19		青柠绿 101	图案 14, 19, 23-4
美国剪辑协会奖（ACE,		色调 93	动物图案 36, 43
纽约） 110	P	闪亮的 116	层叠 48
美丽 244-65, 274	派对 224	水鸭蓝色 112	好图案的成因 31
美貌 247, 250	配件 61, 116, 119	重要性 12-13	土耳其毛巾 120
墨西哥城 122-3	皮博迪博物馆 260	紫罗兰 101, 112	托马斯·怀特塞德 104
米兰 123	皮毛 42, 155	色调 93	托斯卡纳 227
米老鼠 160-1	评判上的担心 186	设计和风格 30-1	拖延症 19

做自己的偶像

W

威尼斯 123, 227
威斯康星大学 171-3
微笑 154
文化影响 34
翁布里亚 227

X

笑声 133, 134, 154
西迪·布·萨义德 125
锡耶纳 126
吸引力 250-2
香港 122
想象 232
小黑裙 99
欣赏 247-65
心里住着的孩子 135, 154
新艺术风格 36
匈牙利图案 *51*
选择 242-3
靴子 155
学习 230-7, 250
寻找认同感 238

Y

亚力克西斯·比塔 211
研究 233
颜色和情绪 106
眼镜 *10*, *69*, 70-7, 268
 Zenni Optical眼镜
 18, *25*, *76-7*, *85*,
 109, *187*, *220*, *265*

衣服
 小黑裙 99
 值得买的单品 96
伊斯坦布尔 120
伊斯坦布尔的大集市 120
意大利
 123, 204-6, 227, 257-8
艺术 34
印度 28-9
影响 16-79
自然给予的 42-52
勇气 186-211
幽默 61, 101, 134,
 147, 154, 204-6, 224
尤金妮亚·谢泼德 41
有趣
 131-69, 186, 248, 271
羽毛 42, 155
原创 190-1
原住民珠宝 59
阅读 233

Z

詹妮·范思哲 24
整容手术 255-6
直觉本能 179, 180
紫罗兰 101, 112
自然 42-52
自信 186-211
自我表达 189
Zenni眼镜
 18, *25*, *76-7*, *85*,
 109, *187*, *220*, *265*

芝加哥 173-4, 229, 230
植物 47
质地 14, 19
中东 124
皱纹 255
珠宝
 表达个性的宣言珠宝 59
 具趣味性的珠宝
  162-3, 163
 美国原住民 59
棕榈滩 155, 161, 227,
 228, 229
祖母绿 101, 110

图片来源

特别感谢鲁文·阿法纳多和理查德·菲布斯，以及创意合作伙伴Ruggable家居、Zenni眼镜、Ciaté London高端化妆品牌和Dr. Scholl's Shoes爽健鞋。感谢他们慷慨赞助本书图片。

本书中未特别列出的所有摄影作品来自艾瑞丝·艾普菲尔的个人档案 © Iris Apfel。

纺织设计由旧世界纺织工坊公司档案提供 © Iris Apfel，第50、51和52页的设计由 © Ruggable家居提供。

前言

1　艾瑞丝的100岁生日肖像，2021年8月，由鲁文·阿法纳多拍摄© Iris Apfel

3-4　艾瑞丝·艾普菲尔与Ruggable 家居一起合作发布，2022年11月，由Ruggable 家居提供，鲁文·阿法纳多拍摄© Ruvén Afanador

第1章

10　为《时尚芭莎》（阿拉伯版）拍摄，2021年9月 © Richard Phibbs / Trunk Archive

18　艾瑞丝·艾普菲尔与Zenni Optical 眼镜合作发布，2021年6月，由Zenni Optical 眼镜公司提供 © Ruvén Afanador

22　2016年5月，艾瑞丝·艾普菲尔出席在纽约举办的美国服装与鞋业协会第38届年会。由Ilya S. Savenok／盖蒂图片社为美国服装与鞋业协会（AAFA）摄影

25　与鲁文在一起，棕榈滩，2021年6月 © Ruvén Afanador

38　为《时尚芭莎》拍摄，2021年8月 © Ruvén Afanador

42　为《时尚芭莎》（阿拉伯版）拍摄，2021年9月 © Richard Phibbs / Trunk Archive

50-52　艾瑞丝·艾普菲尔与Ruggable 家居合作发布2022/2023新品© Ruggable

54　罗曼夫人图片由弗里达·穆勒信托基金提供

58　米莉森特·罗杰斯被纽约服装学院选为1947年十大最时髦女性之一© Bettman / Getty

75-77　来自艾瑞丝·艾普菲尔与Zenni Optical 合作的眼镜系列© Zenni Optical,Inc

80　为《时尚芭莎》（阿拉伯版）拍摄，2021年9月 © Richard Phibbs / Trunk Archive

第2章

85　艾瑞丝·艾普菲尔与Zenni Optical 眼镜合作发布，2021年6月，由Zenni Optical 眼镜公司提供 © Ruvén Afanador

92　为《时尚芭莎》（阿拉伯版）拍摄，2021年9月 © Richard Phibbs / Trunk Archive

94-95　为《伦敦晚报》拍摄，英国，2012年11月 © Thomas Whiteside/Trunk Archive

100　为《时装L'Officiel》（法国版）拍摄，2016年10月© Jeremy Liebman/Trunk Archive

104　为《伦敦晚报》拍摄，英国，2012年11月 © Thomas Whiteside / Trunk Archive

109　艾瑞丝·艾普菲尔与Zenni Optical 眼镜发布合作系列，2021年6月，由Zenni Optical 眼镜公司提供© Ruvén Afanador

110　2021年11月，艾瑞丝·艾普菲尔出席在纽约举办的2021年美国剪辑协会颁奖典礼（ACE），身

穿她与H&M合作的西装
© Jamie McCarthy / Getty Images

111 　为《时尚芭莎》（阿拉伯版）拍摄，2021年9月
© Richard Phibbs / Trunk Archive

117 　为《时尚芭莎》（俄罗斯版）拍摄，2010年9月
© Christopher Sturman / Trunk Archive

118 　艾瑞丝·艾普菲尔与Zenni 眼镜合作发布，2021年6月，由Zenni Optical 眼镜公司赞助 ©Ruvén Afanador

128 　为Forty Five Ten 奢侈时尚零售商拍摄，2016年6月 © Ruvén Afanador

第3章

132 　与卡尔合影，为德国《南德意志报》杂志拍摄，2011年2月 ©Andreas Laszlo Konrath / Trunk Archive

156 　艾瑞丝·艾普菲尔的珠宝在皮博迪·埃塞克斯博物馆展出，2009年12月。员工照片由安吉拉·罗林斯拍摄。（照片由媒体新闻集团／波士顿先驱报拍摄。via 盖蒂图片社）

157 　（上图）艾瑞丝·艾普菲尔与卡尔·爱普菲尔。2008年10月，纽约市。（摄影：比利·法雷尔/帕特里克·麦克穆兰，via 盖蒂图片社）
（下图）艾瑞丝·艾普菲尔出席2011年纽约时尚技术学院博物馆的高定委员会第七届年度颁奖晚会。嘉宾：瓦伦蒂诺·加拉瓦尼（摄影：Steve Eichner / WWD / Penske Media，via 盖蒂图片社）

158-159 　艾瑞丝·艾普菲尔与Dr. Scholl's合作发布，2024年© Dr. Scholl's Shoes

164-165 　艾瑞丝·艾普菲尔与Zenni Optical 眼镜合作发布，2021年6月，由Zenni Optical眼镜公司提供 © Ruvén Afanador

167 　为《时尚芭莎》（俄罗斯版）拍摄，2010年9月
© Christopher Sturman / Trunk Archive

173 　美国爵士钢琴家和作曲家艾灵顿公爵（1899-1974），1940年拍摄 © MPI / Getty Images

183 　艾瑞丝·艾普菲尔与Zenni Optical 眼镜合作发布，2021年6月，由Zenni Optical 眼镜公司提供 © Ruvén Afanador

第4章

187 　为《时尚芭莎》（阿拉伯版）拍摄，2021年9月
© Richard Phibbs / Trunk Archive

192 　艾瑞丝·艾普菲尔与Zenni Optical 眼镜合作发布，2021年6月，由Zenni Optical 眼镜公司提供 © Ruvén Afanador

210 　为《时装L' Officiel》（法国版）拍摄，2016年10月 © Jeremy Liebman / Trunk Archive

第5章

214 　为Kate Spade（凯特·丝蓓）拍摄，2015年3月
© Emma Summerton / Trunk Archive

220 　艾瑞丝·艾普菲尔与Zenni Optical 眼镜合作发布，2021年6月，由Zenni Optical 眼镜公司提供 © Ruvén Afanador

第6章

246 　为《时尚芭莎》（阿拉伯版）拍摄，2021年9月
© Richard Phibbs / Trunk Archive

248 　艾瑞丝·艾普菲尔与Ciaté London 高端化妆品牌合作发布唇膏，2022年9月© Ciaté London

264-265 　艾瑞丝·艾普菲尔与Zenni Optical 眼镜合作发布，2021年6月，由Zenni Optical 眼镜公司提供 © Ruvén Afanador

后记

286 　艾瑞丝与罗莉·赛尔，2023年 © Lori Sale

图书在版编目（CIP）数据

做自己的偶像 /（美）艾瑞丝·艾普菲尔著；侯滨译. -- 上海：上海人民美术出版社，2025.6. -- ISBN 978-7-5586-3115-3

Ⅰ．K837.125.78

中国国家版本馆CIP数据核字第20259564EP号

原版书名：Colourful

Copyright ©Iris Apfel, 2024

First published as COLOURFUL in 2024 by Ebury Press, an imprint of Ebury Publishing. Ebury Publishing is part of the Penguin Random House group of companies.

All rights reserved. No part of this publication may be used or reproduced in any form or by any means without written permission except in the case of brief quotations embodied in critical articles or reviews. For the Simplified Chinese Edition Copyright @ 2025 by Shanghai People's Fine Arts Publishing House.

No part of this book may be used or reproduced in any manner for the purpose of training artificial intelligence technologies or systems.

COPYRIGHT MANAGER: ZHOU YANQIONG

本书的简体中文版经Ebury Press出版社公司授权，由上海人民美术出版社独家出版。

版权所有，侵权必究。

合同登记号：图字：09-2024-0825

做自己的偶像

著　　者：	[美]艾瑞丝·艾普菲尔
译　　者：	侯　滨
版权经理：	周燕琼
责任编辑：	邵水一
版式设计：	李茂山
技术编辑：	史　湧
出版发行：	上海人民美术出版社
	（上海市闵行区号景路159弄A座7F，邮编：201101）
印　　刷：	徐州绪权印刷有限公司
开　　本：	889mm×1194mm　1/32　9印张
版　　次：	2025年6月第1版
印　　次：	2025年6月第1次
书　　号：	ISBN 978-7-5586-3115-3
定　　价：	158.00元

← 和我的朋友朱丽叶在城里

朋友和长期合作经纪人的话

罗莉·赛尔
Lori Sale

艾瑞丝·艾普菲尔非常与众不同。能与她共事是我这一生的荣耀。她每天电话里的第一句话总是说:"今天你给我安排了什么工作呀?"这句话就是她无比渴望工作的最好证明。她看事、看人都极具远见。她的鼻梁上总是托着一副尺寸巨大、造型独特的眼镜。透过这副眼镜,她看到的世界是一个色彩斑斓的万花筒,也是一幅满是图案和印花的画布。她用艺术家的眼光将平凡变成非凡,而她将特立独行与优雅融合的能力简直如魔法一般。

Much love,
Iris

艾瑞丝·贝瑞尔·艾普菲尔出生于纽约皇后区的阿斯托利亚，是家中的独生女。父亲是手艺人塞缪尔·贝瑞，经营家族生意。母亲西德尼开了一间时尚精品店。

艾瑞丝先在纽约大学学习艺术史，之后进入威斯康星大学的美术学院深造。她大学毕业后，在《女装日报》杂志工作，也为著名室内设计师艾琳娜·约翰逊工作过。

艾瑞丝与她的丈夫卡尔·艾普菲尔（2015年去世）第一次约会是在1947年的哥伦布日。卡尔在感恩节向艾瑞丝求婚，他们于第二年2月22日总统日结婚。

艾瑞丝和卡尔在近70年的婚姻中一起合作了许多商业项目，包括在白宫美术部门与九位美国总统的第一夫人们直接共事。1950年，他们创立了旧世界纺织工坊。这是一家极为优秀的面料公司，其设计至今仍令人眼前一亮。

艾瑞丝与卡尔一起周游世界，大多是为了工作，探索新文化并从中汲取灵感。艾瑞丝逐渐获得了"独特与无可匹敌之物的低语者"的名声。她到处搜罗，去过巴黎的古董纺织摊位、伦敦的街道、伊斯坦布尔的大市集，以及中东奇幻般的集市，还与意大利手艺人合作。

她收藏了无数的珍宝，是全球展览馆眼中的传奇借展人。纽约时装技术学院、皮博迪·埃塞克斯博物馆和大都会艺术博物馆等这些世界顶级的博物馆都找她借过展品。2005年，大都会艺术博物馆的"稀世珍宝展"展示了她的服装和配饰，让她一举成名。

艾瑞丝在全球享有"高龄女明星"的美誉。2014年，她成为导演阿尔伯特·梅索斯（Albert Maysles）获奖纪录片《艾瑞丝》的主角。2018年，时年96岁的艾瑞丝成为全球最年长的芭比娃娃原型。

艾瑞丝可能是时尚史上被拍得最多的一位女性。她有很多身份：纺织专家、定制室内设计师、访问教授、博物馆借展人、风格偶像、品牌大使以及社交媒体名人。她获得了无数的荣誉、奖项，并与MAC、Mattel、McDonald's、H&M、Hugo Boss、Etsy、Ebay、Ciaté、Ruggable和Zenni等公司合作。这个来自阿斯托利亚的女孩，确实在过去的一个世纪里走过了漫长的旅程。